ੴ वाहेगुरु जी की फतेह

सत्य ही धर्म है

वॉइस ऑफ़ मानवता न्यूज़ चैनल अमेरिका

लेखक

मेघराज सिंह खालसा

Made with ♥ on the Notion Press Platform
www.notionpress.com

समर्पण

साथियों यह जो पुस्तक आपके हाथों में है इस पुस्तक को हम पूरे विश्व के जितने भी सच्चे महापुरुष हैं उनको समर्पण करते हैं। क्योंकि उन्होंने पूरे विश्व के लिए सच्चाई और ईमानदारी का संदेश दिया है। जो महापुरुष सच्चाई और ईमानदारी का संदेश दे सकते हैं उनके दिल कितने कोमल होंगे और वह कितने महान होंगे उन्होंने अपने घरबार को छोड़ करके पूरे विश्व में सच्चाई फैलाने का काम किया है। हमारी यह पुस्तक पूरे विश्व के लोगों के लिए लाभदायक होगी इस पुस्तक को हम पूरे विश्व के महापुरुषों को समर्पित करते हैं।

आपका
मेघराज सिंह खालसा
(अमेरिका)

अनुक्रमणिका

अध्यापक और विद्यार्थी के बीच में सवाल-जवाब

क्रमांक	विषय	पेज संख्या

खण्ड - 1 : सच का रास्ता दिखाने वाले सच्चे महापुरुष

क्रमांक	विषय	पेज संख्या

दस गुरु साहिबान की संक्षिप्त जानकारी

खण्ड - 2: सच्चाई के लिए हथियार से जंग लड़ने वाले महान योद्धा

खण्ड - 3: सच्चाई के लिए आवाज उठाने वाले महान इंसान

खण्ड - 4: सच्चाई के लिए कलम से जंग लड़ने वाले महान इंसान

खण्ड - 5: जुल्म के खिलाफ जंग लड़ने वाले महान क्रांतिकारी

शुभ संदेश

"सत्य ही धर्म है" एक ऐसी पुस्तक है जिसको पढ़ने के बाद यह महसूस होता है की सच्चाई का मार्ग क्या है और सच क्या है इस पुस्तक के माध्यम से सरदार मेघराज सिंह जी ने देश और समाज को जो आईना दिखाया है वह काबिले तारीफ है सरदार मेघराज सिंह जी की लेखनी को जितना भी सराया जाए या तारीफ की जाए उतना कम है सरदार मेघराज सिंह जी ने सच्चाई और अच्छाई का मार्ग हमें इस पुस्तक के माध्यम से बताया है मैं एक्टर राजा खान सभी देश वासियों की तरफ से सरदार मेघराज सिंह जी का तहे दिल से शुक्रिया अदा करता हूं आपने इस पुस्तक के माध्यम से जो सच्चा मार्ग और सच्चे महापुरुषों का ज्ञान दीया हमें उन महापुरुषों की जीवनी और वह सच्चाई के मार्ग पर कैसे चलें आपने इस पुस्तक के माध्यम से जो ज्ञान देने की कोशिश की है उसकी जितनी भी तारीफ की जाए वह कम है बाबा शेख फरीद जी, संत नामदेव जी, संत कबीर दास जी, संत रविदास जी, संत सेन जी, संत धन्ना जी, संत त्रिलोचन जी, संत पीपा जी जो महापुरुषों की वाणी है उससे अवगत कराया और सच्ची और झूठी विचारधारा के बारे में इस पुस्तक के माध्यम से अवगत कराया आपने इस पुस्तक में दो ऐसी महिलाओं का भी ज़िक्र किया जिन्होंने बुंदेलखंड की सर जमी पर जन्म लिया और पूरी दुनिया को यह बताया बुंदेलखंड की महिलाएं कितनी बहादुर होती हैं हां मैं बात कर रहा हूं उस महिला की जिसने महारानी लक्ष्मीबाई की जान बचाने के लिए अपने प्राणों आहुति दे दी जिसने अपने बेटे को भी कुर्बान कर दिया देश और समाज के लिए मैं उस महान महिला वीरांगना झलकारी बाई की कुर्बानी भारत देश का हर बच्चा हमेशा उनको याद रखेगा उनकी कुर्बानी के इस जज्बे को हम सलाम करते हैं और बुंदेलखंड की सर ज़मी पर दूसरी ऐसी महिला ने जन्म लिया जिसने अपने जीवन में अत्याचारों के खिलाफ आंदोलन किया है हां मैं बात कर रहा हूं बीहड़ की रानी फूलन देवी जिसका संघर्ष बीहड़ से लेकर देश की संसद भवन तक रहा।

इसी पुस्तक में महान क्रांतिकारी जिसने जुल्म के खिलाफ लड़ते लड़ते अपनी जवानी को कुर्बान कर दिया। भारत का हर बच्चा बच्चा उनके कुर्बानी के इस जज्बे को हमेशा याद रखेगा मैं बात कर रहा हूं शहीद भगत सिंह जी की वैसे तो इस पुस्तक में कई कई महान हस्तियों का जिक्र किया गया है जैसे सावित्रीबाई फुले जी, मदर टेरेसा जी, रमाबाई जी जिन्होंने सच्चाई के लिए कई आंदोलन किए इस पुस्तक में तो वैसे कई महान हस्तियों के नाम है जैसे ज्योति फुले जी, छत्रपति शाहू जी महाराज, अली मुसलियार जी और डॉक्टर भीमराव अंबेडकर जी संविधान रचेता जिनकी वजह से आज भारत का हर व्यक्ति अमन चैन सुकून से जी रहा है। मैं सलाम करता हूं इस किताब में जितनी भी महान हस्तियां हैं या महापुरुष हैं मैं उनको नमन करता हूं और सरदार मेघराज सिंह जी का तहे दिल से शुक्रिया अदा करता हूं की आपके द्वारा हमें कई ज्ञान की बातें सीखने को मिली मुझे उम्मीद है भारत का हर व्यक्ति इस किताब को पढ़कर गर्व महसूस करेगा की हमारे देश की सर जमी पर ऐसी महान हस्तियों ने जन्म लिया एक बार फिर दिल से इस पुस्तक को लिखने वाले छापने वाले टाइपिंग करने वाले पूरी टीम को मैं एक्टर राजा खान तहे दिल से सभी साथियों का शुक्रिया अदा करता हूं धन्यवाद।

राजा खान (बॉलीवुड एक्टर)

भूमिका

आदरणीय प्यारे साथियों-

जो पुस्तक आपके हाथों में है इस पुस्तक का नाम आपने पढ़ा होगा कि **"सत्य ही धर्म है"**। इस पुस्तक का नाम पढ़कर आप यह सोच रहे होंगे कि इस में कौन-सी बड़ी बात है सत्य ही धर्म होता है। यह तो सबको मालूम है कि सत्य ही धर्म है फिर इसको लिखने की क्या जरूरत है? प्यारे साथियों यह सच है कि आपको यह मालूम है कि सत्य ही धर्म है पर इस बात का अधिकांश लोगों को मालूम नहीं है कि सत्य ही धर्म है और बहुत सारे लोगों को यह भी नहीं मालूम है कि सत्य और असत्य में क्या फ़र्क है?

साथियों इस पुस्तक में मेरे खुद के विचार है। मेरे विचारों से बहुत सारे लोग सहमत भी होंगे और बहुत सारे लोग असहमत भी हो सकते है। जो भी वक्त ने मुझसे लिखवाया है वह मैंने लिखकर पुस्तक के रूप में आपके सामने प्रस्तुत कर दिया है। साथियों जैसे आप सभी जानते हो कि इस संसार में दिन है तो रात भी है, मीठा है तो कड़वा भी है, फूल है तो काँटे भी है, खुशबू है तो बदबू भी है। वैसे ही इस पूरे संसार में दो विचारधाराएं है सच की और झूठ की। यह दोनों विचारधारा पूरे संसार में फैली हुई है। सच की विचारधारा कौन-सी है और झूठ की विचारधारा कौन-सी है? इस बात को बहुत कम लोग पहचान सकते है। हमने सच्चे महापुरुषों की कृपा से सच्ची विचारधारा को पहचानकर इस पुस्तक में लिखने की कोशिश की है। बहुत सारे लोगों का ऐसा मानना है कि गौतम बुद्ध की विचारधारा और गुरु नानक साहिब जी की विचारधारा और संत कबीर दास जी की, संत रविदास जी और संत फरीद जी की विचारधारा अलग-अलग है। पर मेरा यह मानना है कि गौतम बुद्ध से लेकर गुरु नानक साहिब, गुरु गोबिंद सिंघ साहिब जी और संत कबीर दास जी, संत रविदास जी और संत फरीद जी तथा अन्य भगत साहिबान आदि की विचारधारा एक ही है, जो कि सच की विचारधारा है। यह सब एक ही रास्ते के मुसाफिर है जो सच्चाई की तरफ ले जाते है। इन सभी महापुरुषों का एक ही मकसद था कि इंसान पाखंडवाद, मनुवाद, ब्राह्मणवाद से मुक्त होकर ख़ुशी से जिंदगी जी सके। पाखंडवाद से वही निकाल सकता है जिसके अंदर सच हो। सच उसी के अंदर होता है जो सच के रास्ते का मुसाफिर हो। इसलिए हम इन्हें एक ही विचारधारा के अनुयायी कह सकते है। साथियों इन सभी महापुरुषों ने मानवता के दुःख को अपना दुःख समझकर मानवता को पाखंडवाद के दुःख से बाहर निकालने का काम किया है।

इस पुस्तक में मैंने जिन-जिन महापुरुषों एवं महान लोगों के नाम दिए है वे सब उसी रास्ते के मुसाफिर है जो सच की तरफ जाता है। बहुत सारे इनमें से सच के रास्ते पर बहुत लम्बी दूरी तक गए और कई इनमें से कुछ दूरी तक चले लेकिन मेरा मकसद यहां इतना ही बताना है कि ये सभी सच के रास्ते के मुसाफ़िर है, इसलिए सबको एक साथ इस पुस्तक में दिखाया गया है।

साथियों यह मेरी दूसरी पुस्तक है। मेरी पहली पुस्तक का नाम है- "क्या सिख हिन्दू है? जानिये सच क्या है"। इस पुस्तक में छोटे-छोटे सवाल-जबाव के माध्यम से कई महत्वपूर्ण तथ्यों को जो ब्राह्मणों द्वारा पाखंडवाद फैलाया जाता है उससे पाठकों को सचेत कर जागरूक करने का प्रयास किया गया है। इस पुस्तक को पाठकों ने बेहद पसंद किया है, क्योंकि इसमें सरल, संक्षेप में काफी सारगर्भित महत्वपूर्ण जानकारियों का समावेश किया गया था। इसी तरह से मैंने अपनी दूसरी पुस्तक "सत्य ही धर्म है" में कई महत्वपूर्ण जानकारियों को जो महापुरुषों एवं महान लोगों से संबंधित है उसे सरल तरीके से बताया गया है साथ ही कहीं-कहीं कविताओं के रूप में भी लिखा है। मुझे पूर्ण विश्वास है कि पाठक मेरी इस पुस्तक को भी पसंद करेंगे। मैं उम्मीद करता हूँ कि आप सभी सच का रास्ता अपनाकर अपना जीवन सफल करेंगे और सच की राह के मुसाफिर बनेंगे।

शुभकामनाओं के साथ आपका
मेघराज सिंह खालसा
(अमेरिका)

अध्यापक और विद्यार्थी के बीच में सवाल-जवाब

प्रश्न-1. सर संसार में इतनी नफरत क्यों फैल रही है?
उत्तर- बेटा संसार में तकरीबन 90 प्रतिशत लोग सच से दूर हो गये हैं।

प्रश्न-2. सर हमारे देश में बहुत सारे धर्म हैं फिर इतने लोग सच से दूर कैसे हो गये हैं?
उत्तर- बेटा हमारे देश में धर्म तो बहुत सारे हैं और धर्म को मानने वाले भी बहुत लोग हैं। पर धर्म के विचारों को सुनकर उन पर चलने वाले बहुत कम लोग हैं।

प्रश्न-3. सर धर्म को मानना और सुनना क्या अलग-अलग बात होती है?
उत्तर- हाँ बेटा धर्म को मानना और उसके विचार सुनना अलग-अलग बात होती है।
जैसे कि आप अपने पिता को पिता मान तो रहे हो लेकिन आप उनकी कोई बात सुन नहीं रहे हो।

प्रश्न-4. सर क्या हम सभी धर्मों को एक बराबर मान सकते हैं?
उत्तर- बेटा सभी धर्मों को बराबर मानने से पहले कई बातों का ध्यान रखना पड़ेगा :-

- क्या सभी धर्मों के धर्म ग्रन्थों में एक जैसा लिखा हुआ है?
- क्या वह सभी धर्म के लोग एक जैसा व्यवहार करते हैं?
- क्या सभी धर्म के लोग सच बोलते हैं?
- क्या सभी धर्म के लोगों ने नफरत को त्याग दिया है?
- क्या सभी धर्मों के लोगों में इंसानियत जाग गई है? इत्यादि। इन सभी बातों को ध्यान में रखते हुये हम सभी धर्मों को बराबर मान सकते हैं।

प्रश्न-5. सर आपने तो मुझे दुविधा में डाल दिया है। आप इसका जवाब किसी आसान तरीके से बतायें कि धर्म क्या होता है?
उत्तर- बेटा आजकल बहुत ज्यादा सावधान रहने की जरूरत है। धर्म के नाम पर भ्रम बहुत ज्यादा फैलाया जा रहा है। सबसे आसान तरीका धर्म को समझने के लिये एक ही है कि जिस धर्म में आप हो अगर उस धर्म की विचारधारा सच्ची है तो वह धर्म सच्चा है। अगर उस धर्म की विचारधारा झूठी है तो वह धर्म झूठा है।

प्रश्न-6. सर हमें सच्ची विचारधारा का और झूठी विचारधारा का कैसे पता लगेगा?
उत्तर- सच्ची विचारधारा – बेटा अगर आपके अंदर दूसरे लोगों के लिये लगाव, प्यार, नम्रता, सम्मान आदि है और बड़ी-बड़ी समस्याओं को बातों के जरिये सुलझा सकते हो और आप ईमानदार और सच्चे हों और आप बेखौफ होकर जिंदगी जी रहे हो तो समझ लेना कि आपने सच की विचारधारा का अनुसरण कर लिया है, और उस विचारधारा के अनुसार जिंदगी जी रहे हो तो समझ लेना कि आप सच की विचारधारा के अनुयायी हो।

झूठी विचारधारा- बेटा झूठी विचारधारा को हम इस तरीके से पहचान सकते हैं जैसे कि अगर आपके अंदर दूसरों के प्रति नफरत, द्वेष-भावना, तिरस्कार, अपमान इत्यादि हैं और आप अपनी ताकत से दूसरों को डराने की कोशिश कर रहे हो और तुम खुद भी अंदर से डर रहे हो तो यह समझ लेना कि तुमने झूठ की विचारधारा को अपना रखा है।

प्रश्न-7. सर दुनिया में बहुत सारे धर्म हैं और सभी धर्मों की अलग-अलग विचारधारा है तो हम कैसे मान लें कि दुनिया में सिर्फ दो ही विचारधारा हैं एक सच्ची और दूसरी झूठी?
उत्तर- बेटा यह बात आपकी सही है कि दुनिया के अंदर बहुत सारे धर्म हैं और यह जो आपने बोला कि सभी धर्मों की विचारधारा अलग-अलग है। यह बात आप अकेले नहीं कह रहे हो। इस बात को दुनिया में करीब 80 से 90 प्रतिशत लोग मानते भी हैं और बोलते भी हैं। बेटा विचारधारा को समझने के लिये बहुत गहराई तक जाना पड़ता है। इस गहराई तक बहुत कम लोग पहुँच पाते हैं और उनमें से भी बहुत कम लोग इस बात को समझ सकते हैं कि दुनिया में सिर्फ दो विचारधारा है एक सच की और दूसरी झूठ की। हमने इस बात को सच्चे महापुरुषों की कृपा से समझने की कोशिश की है।

प्रश्न-8. सर आपके पास में ऐसा कौन-सा थर्मामीटर है? जिससे आप सच और झूठ की विचारधारा को नाप रहे हो?
उत्तर- बेटा मेरे पास सच्चे ज्ञान का थर्मामीटर है। जिसको हमने साहेब गुरु ग्रंथ साहिब जी से हासिल किया है। इसके लिये साहेब गुरु ग्रंथ साहिब जी को पढ़ना पड़ेगा या सुनना पड़ेगा आप भी इस सच्चे ज्ञान के थर्मामीटर को हासिल कर सकते हैं।

प्रश्न-9. सर क्या साहिब गुरु ग्रंथ साहिब जी को पढ़ने वाले या सुनने वाले सभी मनुष्य ज्ञानवान बन जाते हैं?
उत्तर- बेटा साहिब गुरु ग्रंथ साहिब जी को पढ़ने वाले या सुनने वाले सभी मनुष्य ज्ञानवान नहीं बन सकते। ज्ञानवान वही बन सकते हैं जो मनुष्य साहिब गुरु ग्रंथ साहिब जी को ध्यान से पढ़ कर और सुन कर, उन उपदेशों को मन में बसा कर, उन पर पूरा यकीन करके, उनके अनुसार जीवन जीते हैं। उन मनुष्यों को हम ज्ञानवान कह सकते हैं या वह मनुष्य ज्ञानवान बन जाते हैं।

प्रश्न-10. सर आपने जैसे गुरु ग्रंथ साहिब पढ़ा हैं उसमे ज्ञान की बात लिखी है तो आप ये बतायें कि पूरे संसार में कितने तत्व से मनुष्य बने हैं और कितने रंग के पाये जाते हैं?
उत्तर- बेटा पूरे संसार में अनेक प्रकार (रंग) के मनुष्य पाये जाते हैं। जैसे कि भूरे, काले, पीले, गोरे आदि रंग के होते हैं। पर सभी मनुष्यों का शरीर पाँच तत्वों से बना होता है, जैसे—हवा, पानी, धरती, आग, आकाश।

प्रश्न-11. सर जब सभी मनुष्यों का शरीर पाँच तत्वों से बना हुआ है तो सभी मनुष्यों की सोच भी एक जैसी होनी चाहिये?
उत्तर- बेटा सभी मनुष्यों के शरीर तो पाँच तत्वों से ही बने हुये हैं पर सभी मनुष्यों की सोच एक जैसी नहीं हो सकती। क्योंकि जिस माहौल में मनुष्य रहता है उसी माहौल के विचारों को अपना कर उनके अनुसार ही जीवनयापन करता है। मेरे हिसाब से पूरे संसार में चार प्रकार की सोच वाले इन्सान रहते हैं जैसे कि —

1. **साधारण सोच वाले मनुष्य।**
2. **दोगली सोच वाले मनुष्य।**
3. **शैतानीयत की सोच वाले मनुष्य।**
4. **इंसानियत की सोच वाले मनुष्य। बेटा यह मेरी अपनी सोच है कोई अन्य इन्सान इससे ज्यादा या कम सोच वाले मनुष्य भी बता सकता है।**

प्रश्न-12. सर साधारण सोच वाले मनुष्य की सोच कैसी होती है?
उत्तर- बेटा साधारण सोच वाले मनुष्य की सोच ज्यादा लंबी नहीं होती। इस सोच वाले मनुष्य मेहनत करके खाते हैं और अपने परिवार को कमा कर खिलाते हैं। घर बना देते हैं। कभी लड़ाई-झगड़े नहीं करते। रिश्तेदारियाँ भी निभाते हैं। दोस्ती भी निभाते हैं। कभी किसी के साथ विश्वासघात नहीं करते हैं।

प्रश्न-13. सर दोगली सोच वाले मनुष्यों की सोच कैसी होती है?

उत्तर- बेटा दोगली सोच वाले मनुष्य अच्छे नहीं होते। दोगली सोच वाले मनुष्य अंदर से कुछ अलग सोच रखते है और बाहर से कुछ अलग। ऐसे मनुष्य हर एक कार्य में अपना फायदा देखते हैं। बहुत बार ऐसे मनुष्य अपने दोस्तों, रिश्तेदारों या अन्य लोगों के साथ विश्वासघात भी करते हैं और विश्वासघात करके अपने आपको बहुत चतुर, चालाक भी समझते हैं। बहुत बार ऐसे मनुष्य दूसरे धर्मों में झूठ बोल कर लड़ाईयाँ करवा देते हैं। ऐसे मनुष्य कभी-कभी धार्मिक भी बन जाते हैं और कभी-कभी नास्तिक भी बन जाते हैं और इस दोगली सोच वाले मनुष्य कभी-कभी अपराध भी कर देते हैं। फिर बाद में बहुत पछताते हैं। ऐसे लोग इसी कशमकश में जिंदगी पूरी करके मर जाते हैं।

प्रश्न-14. सर शैतानियत सोच वाले मनुष्यों की सोच कैसी होती है?

उत्तर- बेटा शैतानियत वाली सोच वाले मनुष्यों की सोच बहुत ज्यादा खतरनाक होती है। इस सोच वाले मनुष्य दूसरों पर बहुत ज्यादा अत्याचार करते हैं और दूसरों को हमेशा के लिये अपना गुलाम बनाना चाहते हैं। इसी चक्कर में ये लोग बहुत ज्यादा अपराध भी करते हैं। कमाल की बात तो ये है कि ऐसे मनुष्य अपराध को पाप समझते हैं। इस पाप को धोने के लिये ये लोग धार्मिक स्थानों पर दान भी करते हैं और स्नान भी करते हैं। स्नान और दान करके ये समझते हैं कि उनके पाप धुल गये हैं। पर इनको इस बात का ज्ञान नहीं है कि जब तक बुरे काम को वह मन में सोच रहे हैं, तब तक वह पाप है। जब उस बुरे काम को शरीर के द्वारा किया जाता है, तब वह अपराध बन जाता है। इस सोच वाले मनुष्य अपराध को ही पाप समझते हैं। यह लोग दूसरों का हक मारना और दूसरों के ऊपर जुल्म करना पुण्य का काम समझते हैं। ऐसी सोच वाले इन्सान ना तो खुद सुकून की जिंदगी जीते हैं और ना ही दूसरों को सुकून की जिंदगी जीने देते हैं। ये लोग खुद डरे हुये होते हैं। इसी करके दूसरों को डराने का काम भी करते हैं। ऐसी सोच वाले इन्सान या तो आत्महत्या करते हैं या कोई उनको मार देता है।

प्रश्न-15. सर अगर शैतानियत वाली सोच वाले इन्सान अपने आपको बदलना चाहे तो कैसे बदल सकते हैं?
उत्तर- बेटा ऐसी सोच वाले इन्सान अपने आपको बदल सकते हैं जैसे कोई भी इन्सान जो भी काम करता है उसके बारे में पहले मन में सोचता है। फिर उस काम को करता है। चाहे वह काम बुरा है या अच्छा है। सबसे पहले उनको अपने दोस्तों, मित्रों का साथ छोड़ना होगा। उसके बाद अच्छे दोस्त ढूँढ़कर उनके साथ दोस्ती करनी होगी। क्योंकि जब एक दोस्त दूसरे दोस्त से विचार करता है तो उसके विचार का असर मन पर पड़ता है। मन विचारों से ही बदलता है।

मन अगर अच्छे विचार सुनेगा तो
मन इन्सान को महान, विद्वान बना देगा।
मन अगर बुरे विचार सुनेगा तो
मन इन्सान को खतरनाक, शैतान बना देगा।

ऐसी सोच वाले इन्सान अगर किसी अच्छी सोच वाले इन्सान से दोस्ती करेंगे तो उस दोस्त के अच्छे विचार सुनकर अपनी सोच को बदल सकते हैं। उसके बाद अच्छे इन्सान बन सकते हैं।

प्रश्न-16. सर इन्सानियत वाली सोच वाले मनुष्यों के बारे में कुछ बताएं?
उत्तर- बेटा इन्सानियत वाली सोच वाले मनुष्य बहुत ही सूझवान, गुणवान, विद्वान और दूर अंदेशी होते हैं। ऐसी सोच वाले मनुष्य संसार में बहुत कम मिलते हैं। ऐसी सोच वाले मनुष्यों के अंदर सबके लिये प्यार होता है। वह सभी जीव जंतुओं के अन्दर एक रब की जोत देखते हैं। वह सभी जीवों से बराबर प्यार करते हैं। ऐसे लोग सच बोलते हैं, जो भी सोचते हैं वह पूरे संसार के भले के लिये सोचते हैं और वह कभी भी किसी को कड़वा बोल नहीं बोलते क्योंकि उनको पता है कि सारी दुनिया एक रब, एक वाहेगुरु की बनाई हुई है।

प्रश्न-17. सर क्या साधारण सोच वाला इन्सान भी इन्सानियत वाली सोच वाला बन सकता है?
उत्तर- बेटा एक साधारण सोच वाला इन्सान भी इन्सानियत वाली सोच वाला बन सकता है। सबसे पहले उसको सच्चे लोगों के साथ दोस्ती करनी पड़ेगी। फिर उसके बाद सच्चे महापुरुषों के विचारों को पढ़ कर उनको मन में बसा कर उन पर चलना पड़ेगा। जब मन सच्चे विचारों को सुनना शुरू करेगा, तब उसके अंदर ज्ञान उपजेगा और ज्ञान से इन्सानियत पैदा होगी फिर उसको ये सारा संसार ही अपना नजर आयेगा। इस तरीके से एक साधारण सोच वाला इन्सान भी इन्सानियत वाली सोच वाला बन सकता है।

प्रश्न-18. सर भारत में धर्मों के नाम पर बहुत सारे संगठन बने हुए हैं। पर इनमें से कई संगठन धर्म के नाम पर दंगे करवाते हैं और ये धर्म के नाम पर लोगों में नफरत फैलाते हैं। क्या ये धार्मिक संगठन हैं या कुछ और हैं?

उत्तर- बेटा धर्म के नाम पर भारत में भी संगठन बने हुए हैं और भारत के अलावा बहुत सारे देशों में भी धार्मिक संगठन बने हुए हैं। अगर ये धार्मिक संगठन हैं तो इन संगठनों की पहचान हम ऐसे कर सकते हैं— (i) अगर इन संगठनों की लड़ाई मजलूमों, गरीबों के हक में है। (ii) अगर इनकी लड़ाई जुल्म को खत्म करने के लिये है। फिर तो हम इनको धार्मिक संगठन मान सकते हैं। पर कई संगठनों की लड़ाई तो तकरीबन 90 प्रतिशत लोगों के ऊपर जुल्म करने के लिये होती है। और सच्चे लोगों को मारने के लिये होती है। इन संगठनों ने धर्म का चोला पहन कर धर्म का भी नाम बदनाम कर दिया है। अनजाने में बहुत सारे लोग इन संगठनों में अपना जीवन व्यर्थ गंवा रहे हैं। इन संगठनों को हम धार्मिक संगठन नहीं मान सकते।

प्रश्न-19. सर बहुत सारे लोग इन संगठनों को धार्मिक संगठन समझ कर इनमें काम कर रहे हैं। अगर वह इन संगठनों के बारे में जानना चाहें कि वह संगठन धार्मिक है या नहीं है तो कैसे जान पाएंगे?

उत्तर- बेटा इन संगठनों की कई बातें ऐसी होती हैं, जो इन्सान को मानसिक गुलाम बनाने का काम करती है जैसे कि -

(i) संगठन की बात किसी अन्य को नहीं बताना।

(ii) जो संगठन कहता है उसको सच करके मानना।

(iii) संगठन द्वारा बताया गया काम पूरा करना।

(iv) संगठन का काम करते हुए अगर मौत भी आ जाएगी तो पीछे नहीं हटना।

(v) मरने के बाद स्वर्ग मिलेगा और स्वर्ग में बहुत सारी सुविधाएं मिलेंगी, आदि।

ऐसी बहुत सारी बातें हैं जो संगठन के अंदर सिखाई जाती हैं। अगर कोई इन्सान इन संगठनों के बारे में सच जानना चाहता है तो वह वहाँ से दूर जाकर उन संगठनों के बारे में जाकर पूछे कि यह संगठन सही काम कर रहे हैं या गलत कर रहे हैं। इस बात को अलग-अलग धर्मों के लोगों से पूछे अगर उन सभी लोगों की बात एक जैसी है तो समझ लेना यह धार्मिक संगठन है वरना नहीं। ये हमने ऊपर पाँच उदाहरण दिये हैं। ये उदाहरण धार्मिक नहीं होते बल्कि अधार्मिक होते हैं। सच-सच ही होता है। सच घर में बोलो या बाहर बोलो या सच बोलकर पब्लिक को सुनाओ या सच का रास्ता पब्लिक हो दिखाओ। सच कभी गुलाम नहीं होता। सच को जहां मर्जी बोल सकते हैं। झूठ गुलाम होता है वह हर एक जगह पर नहीं बोला जा सकता। इन सभी बातों को ध्यान में रखते हुए, वह संगठनों को पहचान कर सकते हैं।

प्रश्न-20. सर क्या आप भी इन संगठनों में रहे हो क्या? इतनी जानकारी तो वह भी नहीं दे सकता जो इन संगठनों में काम कर रहा है?

उत्तर- बेटा मैं इन संगठनों में नहीं रहा हूँ। जब इन्सान सच्चे महापुरुषों के बताये हुए मार्ग पर चलता है और सच्चे महापुरुषों के ज्ञान को मन में बसाकर अपना जीवन व्यतीत करता है। तब उसको ऐसी बातें समझने में ज्यादा वक्त नहीं लगता। आप भी सच के रास्ते पर चल कर, इन सच्ची बातों को मन में बसा कर, झूठे लोगों से बच सकते हो और अपना जीवन खुशी से व्यतीत कर सकते हो। दूसरी बात अपने साथियों को गलत रास्ते पर चलने से रोक सकते हो। सच के रास्ते पर चल कर इन संगठनों की पहचान कर सकते हो।

प्रश्न-21. सर आप इतनी सच्ची बातें कर रहे हो, भारत में कितने सच्चे महापुरुष पैदा हुए हैं? इनके बारे में कुछ बतायें?

उत्तर- बेटा मैंने आपको बहुत सारी क्लासों में पढ़ाया है। जितने महापुरुषों के नाम आपको याद हैं, उनके बारे में एक-एक करके पूछ सकते हो।

खण्ड - 1: सच का रास्ता दिखाने वाले सच्चे महापुरुष

प्रश्न-1. सर गौतम बुद्ध के जीवन के बारे में कुछ बताएं?

उत्तर- बेटा गौतम बुद्ध का जन्म एक राजघराने में हुआ। गौतम बुद्ध का बचपन का नाम सिद्धार्थ था। सिद्धार्थ बचपन से ही संत स्वभाव का था। जिस वक्त सिद्धार्थ का जन्म हुआ, उस वक्त चारों तरफ पाखंड ही पाखंड फैला हुआ था। हर तरफ झूठ का बोलबाला था। सिद्धार्थ बचपन में हमेशा ही कुछ ना कुछ सोचता रहता था। सिद्धार्थ जब थोड़ा बड़ा हुआ तब वह सच की खोज में घर से बाहर निकल गया। बहुत मेहनत (तपस्या) करने के बाद उसे सच की प्राप्ति हुई। फिर उसने सच को अलग-अलग जगह पर जाकर लोगों को सच सुनाकर पाखंडवाद से मुक्त करवाया। पाखंडवाद से मुक्त होकर लोग सच्चाई का जीवन जीने लग गये थे। सच पाकर खुद सिद्धार्थ बुद्धिमान बन गये। उसके बाद सिद्धार्थ का नाम गौतम बुद्ध पड़ गया क्योंकि सिद्धार्थ ने बुद्धि का इस्तेमाल करके ही सच को पाया था।

> **" अगर बुद्धि को हम सच को पाने के लिए इस्तेमाल करेंगे**
> **तो बुद्धि इन्सान को बुद्धिमान, विद्वान बना देगी।**
> **अगर बुद्धि को हम झूठ को पाने के लिये इस्तेमाल करेंगे**
> **तो बुद्धि इन्सान को हैवान, शैतान बना देगी। "**

सिद्धार्थ ने बुद्धि को सच को पाने के लिये इस्तेमाल किया इस करके वह सिद्धार्थ से सिद्धार्थ गौतम बुद्ध हो गये। गौतम बुद्ध ने देश-विदेश में जाकर सच का प्रचार बहुत ज्यादा किया था।

सच का प्रचार सुन-सुन कर लोग सच से जुड़ने लगे थे।
बहुत सारे लोग पाखण्डवाद से निकाल कर बुद्धिमान बनने लगे थे।।
सच के प्रचार से चारों तरफ सच का तूफान आ गया।
सच के तूफान से ब्राह्मणों का पाखण्डवाद और झूठ घबरा गया।।
बुद्ध को खत्म करने के लिये ब्राह्मणों ने बाहरी तौर से बौद्ध धर्म को अपना लिया।
अंदर घुस कर ब्राह्मणों ने बौद्ध भिक्षुओं का कत्ल कर दिया।।
धार्मिक स्थानों पर भी ब्राह्मणों ने कब्जा कर लिया।
राजपाट भी ब्राह्मणों ने अपने हाथ में ले लिया।।
धीरे-धीरे बौद्ध धर्म को भारत से खत्म कर दिया।
बौद्ध धर्म के ग्रंथों, कॉलेज, यूनिवर्सिटी को जलाकर राख कर दिया।।
आज जो भारत में बौद्ध धर्म है वह ब्राह्मणवाद में लिपटा हुआ है।
असली बौद्ध धर्म का ज्ञान का दीपक विदेशों में जल रहा है।।

प्रश्न-2. सर ईसाई धर्म के प्रमुख जीसस के बारे में भी कुछ बताइये?

उत्तर- बेटा मैं आपको जीसस के बारे में कविता के रूप में कुछ जानकारी देता हूँ।

दुनिया के मसीहा बनकर जीसस इस धरती पर आये।
गॉड के सच्चे गुणों को जीसस ने दुनिया में फैलाये।।
सच्चे मार्ग पर चलकर जीसस दुनिया में चारों तरफ थे छाये।
सच सुनकर लोग दौड़-दौड़कर जीसस के पास आये।।
सच्चे गुणों के कारण ही जीसस लोगों के मसीहा बन गये थे।
गरीब मजलूमों और बेसहारों का दुख दर्द बांट रहे थे।।
गरीब और मजलूमों को खुश देखकर दुश्मन शैतान तड़प रहे थे।
जीसस को अपने रास्ते से कैसे हटायें यह षड्यंत्र रच रहे थे।।
फिर एक दिन शैतानों ने मिलकर जीसस को सूली पर चढ़ाया।
अन्तिम साँस तक जीसस ने सच्चाई का साथ निभाया।।
मेघराज सिंघ, याद करती है दुनिया उन्हीं को
जिन्होंने दुनिया में सच फैलाया।।

प्रश्न-3. सर मुस्लिम धर्म के प्रमुख हज़रत पैगम्बर मोहम्मद साहिब के बारे में भी बताइये?

उत्तर- बेटा मैं आपको हज़रत मोहम्मद साहिब के बारे में संक्षिप्त और महत्वपूर्ण जानकारी कविता के रूप में बताता हूँ।

हज़रत पैगंबर मोहम्मद साहिब जी :-

इन्सानों को मोम दिल बनाने के लिये मोहम्मद साहिब दुनिया में आये।
मोहम्मद साहिब का नाम सुनकर झूठ बोलने वाले दूर बैठे ही घबराये।
अल्लाह का पैगाम मोहम्मद साहिब ने दुनिया में फैलाया।
गरीब मजलूम बेसहारों को मोहम्मद साहिब ने अपने गले से लगाया।
लड़ाई लड़कर सच्चाई के हक में मोहम्मद साहिब ने
दुश्मनों को सबक सिखाया।
पाँच वक्त की नमाज सीखाकर मोहम्मद साहिब ने अमन का पाठ पढ़ाया।
मोहम्मद साहिब के विचार सुनकर लाखों लोगों ने उन विचारों को अपनाया।
इस्लाम धर्म है नाम अमन का यह मोहम्मद साहिब ने फरमाया।
बड़े-बड़े ताकतवरों को मोहम्मद साहिब ने अल्लाह के पैगाम के आगे झुकाया।
एक अल्लाह है जो पूरी कायनात का ख्याल रखता है
यह मोहम्मद साहिब ने बताया।
अन्तिम साँस तक मोहम्मद साहिब ने दुनिया में सच ही सच फैलाया।

प्रश्न-4. सर बाबा शेख फरीद जी के बारे में भी आप कुछ बताएं ?

उत्तर- बेटा बाबा शेख फरीद जी का जन्म पाक पटन मुलतान में हुआ। शेख फरीद जी के बारे में सुना जाता है कि उनकी माँ ने उन्हें रब की बंदगी करने की प्रेरणा दी। उसके बाद वह अल्लाह की बंदगी करते गये जिसमें वह पाँच वक्त की नमाज भी पढ़ते थे और अपने घर का काम भी करते थे। बाबा शेख फरीद जी ने जो इन्सान अल्लाह से दूर हो गये थे उन्हें अल्लाह की बंदगी करनी सीखाई और यह बोला कि **(बोलीये सच धरम झूठ ना बोलीये)** सच बोलना ही धर्म है, झूठ बोलना अधर्म है इस बात को बाबा फरीद जी ने स्पष्ट तौर से कहा है। जो इन्सान दिल से इबादत करता है अल्लाह की वही इन्सान सच्चा और धर्म का पक्का होता है और जो इन्सान दिल से इबादत नहीं करता अल्लाह की वह इन्सान झूठा और धर्म का कच्चा होता है। इस प्रकार बाबा फरीद जी ने लोगों को पाखण्डवाद और झूठवाद से निकाल कर एक अल्लाह के लड़ लगाया और लोगों को प्यार से जीना सिखाया। बाबा फरीद जी को लोग सूफी संत भी कहते हैं। जिन्होंने अपना पूरा जीवन लोगों की भलाई के लिये लगाया।

सच्चा इन्सान वही है जिसके अन्दर सच है
उसी की इबादत अल्लाह के दरबार में कबूल होगी।
झूठा इन्सान वही है जिसके अन्दर झूठ है
उसकी इबादत अल्लाह के दरबार में कबूल नहीं होगी।।
सच बोलो सच बसाओ अन्दर सच मन के
दुख, काम, क्रोध, लोभ, मोह, अहंकार पर काबू करेगा।
सद्गुण उपजेंगे मन के अंदर
फिर तन सुखमयी जिंदगी जी सकेगा।।

प्रश्न-5. सर संत नामदेव जी के जीवन के बारे में भी कुछ बताएं?

उत्तर- बेटा संत नामदेव जी का जन्म एक छीपे के घर में हुआ। जिनको ब्राह्मण अछूत कहते हैं। संत नामदेव जी बचपन से ही धार्मिक स्वभाव के थे। संत नामदेव जी एक दिन मंदिर में गये, जहाँ से उन्हें ब्राह्मणों ने धक्के मारकर मंदिर से बाहर निकाल दिया। यह बात संत नामदेव जी ने अपने हाथ से बाणी में लिखी है जो कि साहेब गुरु ग्रंथ साहिब जी के अंदर दर्ज है। संत नामदेव जी बचपन से लेकर अंतिम सांस तक ब्राह्मणवाद, मनुवाद, पाखण्डवाद से विचारों की जंग लड़ते रहे। जिसके कारण संत नामदेव जी को बहुत दुखों का सामना करना पड़ा। सच्चे इन्सान दुख देखकर कभी नहीं घबराते, वह हर एक मुसीबत का सामना हँस-हँस कर करते हैं। लेकिन जिंदगी में कभी भी सच्चाई का रास्ता नहीं छोड़ते। संत नामदेव जी ने लोगों को पाखण्डवाद से निकाल कर एक रब के साथ जोड़ा और लोगों को बताया कि रब एक ही है अनेक नहीं। इस तरह प्रचार कर-कर के उन्होंने सभी लोगों को एक समान सच्चाई का उपदेश दिया। जिसके कारण उन्हें ब्राह्मणों ने महाराष्ट्र से देश निकाला दे दिया। उसके बाद वह पंजाब में जाकर रहने लगे। पंजाब में भी संत नामदेव जी ने वही काम किया जो महाराष्ट्र में करते थे।

संत नामदेव जी ने सच के दीपक से झूठ का अन्धकार मिटाया।
पैदल चलकर दूर-दूर तक सच्चाई को घर-घर तक पहुँचाया।।
सच्चाई को सुन-सुन कर लोग झूठ के अन्धकार से बाहर निकाल रहे थे।
झूठ ने जिन लोगों में मतभेद किया था वह सच सुन-सुन कर आपस में मिल रहे थे।।
सच्चाई की जागृति ने लोगों को गफलत की नींद से जगाया।
सच सुनाकर संत नामदेव जी ने लोगों के अंदर से झूठ को भगाया।।
झूठ फैलाने वाले लोग सच के प्रचार से बहुत घबराये।
संत नामदेव जी की शिकायत करने ब्राह्मण राज दरबार में आये।।
झूठ बोलकर ब्राह्मणों ने उस वक्त के राजा को भड़काया।
ब्राह्मणों की शिकायत सुनकर राजा ने नामदेव जी को अपने दरबार में बुलाया।।
अपने सेवकों से राजा ने नामदेव जी को बहुत तसीहे दिलवाये।
माफ कर दूंगा तुझे मैं राजा बोला नामदेव तू एक बार कह खुदाये।।
जबरदस्ती तेरे कहने से मैं क्यों कहूँ खुदाये।
मैं अल्लाह कहूँ, राम कहूँ, खुदा कहूँ, मैं कहूंगा वह जो मेरे मन को भाये।।
दुनिया में सच बोलने वालों का ही सदा नाम चलता है।
झूठ बोलने वालों का कब्रिस्तान में या श्मशान घाट में ही नाम मिलता है।।
नाम रहेगा संत नामदेव जी का तब तक जब तक यह ब्रह्माण्ड कायम है।
मेघराज सिंघ सच लिखता रहेगा तब तक जब तक इस शरीर में प्राण है।।

प्रश्न-6. सर संत कबीर दास जी का ब्राह्मणों से बहुत ज्यादा टकराव रहा इसके पीछे क्या कारण समझते हो?

उत्तर- बेटा संत कबीर दास जी का जन्म बनारस में एक जुलाहे के घर हुआ। जुलाहा जात ब्राह्मणों की नजरों में बहुत छोटी जात होती है और ब्राह्मणों के अनुसार कोई छोटी जात का व्यक्ति नाम नहीं जप सकता या रब की बंदगी नहीं कर सकता और ना ही वह कभी गुरु बन सकता है। ऐसा ब्राह्मणों का मानना है। संत कबीर दास जी बनारस के आस-पास और बनारस के अंदर पाखण्डवाद का गढ़ है। जहां से ब्राह्मण पाखण्डवाद को फैलाने की शुरुआत करते हैं।

जब कबीर दास जी बड़े हुए तो उन्होंने कुछ साथियों से धार्मिक ज्ञान सीख लिया। जिसका जिक्र वह अपनी बाणी में खुद करते हैं। यही बाणी साहेब गुरु ग्रंथ साहिब जी में है और बहुत सारी बाणी उनकी साहेब गुरु ग्रंथ साहिब जी से बाहर भी है। जिसके अंदर काफी मिलावट हो चुकी है लेकिन जो साहेब गुरु ग्रंथ साहिब जी के अंदर लिखी बाणी है वह सच्ची बाणी है उसमें कोई भी मिलावट नहीं कर सकता। कबीर दास जी ने लोगों को ब्रह्माण्ड के सच्चे ज्ञान से जोड़ा और मानवता के हक में बुलन्द आवाज उठाई और सच लिखा एवं सच बोला भी। जिसके कारण झूठ बोलने वालों का जीना हराम हो गया। कबीर दास जी ने तो सच बोला। और सच तो झूठ के खिलाफ ही जायेगा। झूठ का दूसरा रूप ही पाखण्डवाद है। इस करके कबीर दास जी ने पाखण्डवाद के खिलाफ विचारों का आंदोलन किया।

हजारों सालों से बनारस की धरती पर पाखण्डवाद चल रहा था।
नरक का डर, स्वर्ग का लालच देकर पंडा लोगों को लूट रहा था।।
अरबों-खरबों लोग इस पाखण्डवाद की दलदल में फँस कर मर गये थे।
करोड़ों लोग पाखण्डवाद की दलदल में उस वक्त भी धंसे पड़े थे।।
लोगों पर तरस खाकर कबीर दास जी ने पाखण्डवाद के खिलाफ आवाज उठाई।
दूर-दूर बैठे पाखण्डियों की कबीर दास जी ने सच से झूठ की गद्दी हिलाई।।
सच्चाई की आवाज सुन कर लोग कबीर दास जी के चरणों में आ रहे थे।
वहम, भरम, पाखण्डवाद से बहुत लोग छुटकारा पा रहे थे।।
करोड़ों से तोड़कर लोगों को कबीर दास जी ने एक रब के साथ जोड़ा।
झूठ की दलदल से बाहर निकालकर कबीर दास जी ने सच के साथ जोड़ा।।
कबीर दास जी के सच के प्रचार से ब्राह्मणवाद बहुत घबराया।
राजा और ब्राह्मणों ने मिलकर कबीर दास जी को बहुत सताया।।

स्वर्ग का लालच त्यागकर कबीर जी ने नर्क को ठोकर मारी।
अंदर बैठा रब मिल गया उनको जिसने बनाई है सृष्टि सारी।।
एक नूर से उपजे सब जग यह कबीर जी ने बताया।
कोई बुरा नहीं, सब भला ही है यह जग रब ने बनाया।।
कोई जगह पवित्र या अपवित्र नहीं होती यह भी कबीर जी ने बताया।
मगहर के अंदर सच का प्रचार करके इस बात को सच करके दिखाया।।
कबीर दास जी के ज्ञान को अपनाकर अपना जीवन सफल कर लो।
मेघराज सिंघ वहम, भ्रम, पाखण्डवाद से अपने आप को बचा लो।।

प्रश्न-7. सर संत रविदास जी पिछले जन्म में ब्राह्मण थे क्या? इस बारे में आप क्या कहेंगे?

उत्तर- बेटा संत रविदास जी का जन्म एक चमार के घर में हुआ। ब्राह्मण उनको अछूत मानते हैं। संत रविदास जी बचपन से ही सच बोलते थे और ईमानदारी की कमाई करते थे। जो इंसान सच बोलते हैं और ईमानदारी की रोटी खाते हैं वह पैसे से भले ही अमीर ना हो, मगर दिल के वह अमीर होते हैं और उनका नाम संसार में बहुत ही सत्कार से लिया जाता है। जैसे आज हम संत रविदास जी के बारे में लिख रहे हैं। उसके पीछे सच्चाई और ईमानदारी की बात है। संत रविदास जी को सच और ईमानदारी ने बहुत बड़ा गुरु बना दिया था। उस वक्त सभी शूद्रों को ब्राह्मणों ने अपनी गुलामी में फँसाया हुआ था और आज भी तकरीबन 70 प्रतिशत शूद्र लोग ब्राह्मणों की मानसिक गुलामी में फंसे हुए हैं। उस वक्त संत रविदास जी का नाम बहुत ज्यादा चर्चित हो गया था। बड़े-बड़े राजे उनके चरणों में आकर माथा टेकते थे और आत्म सुख प्राप्त करते थे। राजपूत मीरा संत रविदास जी की चेली बन गई थी। संत रविदास का टकराव ब्राह्मणों से हमेशा ही रहता था। संत रविदास जी का नाम काफी फैल गया था। उस फैले हुए नाम को अपने खाते में भुगताने के लिए ब्राह्मणों ने संत रविदास जी को पिछले जन्म का ब्राह्मण बताया है। जबकि ये बात बिलकुल झूठी है क्योंकि पिछले जन्म या अगले जन्म की बातें सब काल्पनिक हैं इन बातों पर विश्वास न करें।

बचपन से ही संत रविदास जी ने सच का रास्ता अपनाया।
वहम भ्रम पाखंडवाद को पहले अपने अंदर से मिटाया।।
33 करोड़ से तोड़कर लोगों को एक रब के साथ जोड़ा।
सच्चाई के प्रचार से लोगों के अंदर से झूठ के भ्रम गढ़ को तोड़ा।।
सच्चाई का प्रचार सुन-सुनकर राजा और प्रजा रविदास के चरणों में आने लगे थे।
राजा और प्रजा सच सुन-सुनकर रविदास जी के प्रशंसक बनने लगे थे।।
राजपूत रानी मीरा ने रविदास जी के चरणों में सच को पाया।
मीरा ने संत रविदास जी को अपना सच्चा गुरु बताया।।
फिर मीरा ने जात-पात के खिलाफ खूब प्रचार किया था।
सच पाकर मीरा ने अपने अंदर से घमंड का त्याग किया था।।
चारों तरफ संत रविदास जी की जय-जयकार हो रही थी।
अमीर और गरीब प्रजा सब संत रविदास जी से जुड़ रही थी।।

यह सब कुछ देखकर ब्राह्मणवाद अंदर से बहुत घबराया।
राजा से कहकर ब्राह्मणों ने संत रविदास जी को दंडित करवाया।।
पहले जन्म मैं संत रविदास ब्राह्मण थे फिर यह झूठ फैलाया।
नाटकों और किताबों के जरिए यह झूठ सच करके दिखाया।।
सच दबता नहीं है किसी के दबाने से सच कभी न कभी बाहर आ जाता है।
फैले हुए झूठ का फिर से सच सर्वनाश कर देता है।।
झूठे लोगों का नाम इस दुनिया में से कुछ दिन में ही मिट जाता है।
मेघराज सिंह सच्चे लोगों का नाम इस दुनिया में हमेशा के लिए रह जाता है।।

प्रश्न-8. सर संत सेन जी के बारे में भी कुछ बताएं?

उत्तर- बेटा संत सेन जी का जन्म एक नाई के घर में हुआ। जिन्होंने अपनी सच्ची मेहनत से अपना जीवन-यापन किया। संत सेन जी की बाणी साहेब गुरु ग्रंथ साहिब जी में दर्ज है। संत सेन जी ने मानवता को एक रब के साथ में जोड़कर उनके दिमाग में से पाखण्डवाद, झूठवाद और वहम-भ्रम को दूर किये और बहुत सारे लोगों को सच के साथ जोड़कर उनका जीवन सफल किया। सच के साथ वही जोड़ सकता है जो खुद सच के साथ जुड़ा हो। संत सेन जी का नाम हमेशा इस ब्रह्माण्ड में चलता रहेगा।

प्रश्न-9. सर संत धन्ना जी के जीवन के बारे में आप क्या जानते हो?

उत्तर- बेटा संत धन्ना जी का जन्म एक जाट के घर में हुआ। जाट बिरादरी भी ब्राह्मणों के अनुसार शूद्र वर्ण में आती है। ब्राह्मणों के अनुसार शूद्रों को भक्ति करना या नाम जपना की अनुमति नहीं है लेकिन गुरु नानक साहिब की नज़रों में सभी मानव एक समान हैं। संत धन्ना जी की बाणी गुरु ग्रन्थ साहिब जी में दर्ज है। संत धन्ना जी ने अपनी बाणी में संत कबीर जी, संत रविदास, संत सेन जी का जिक्र करते हुए बताया है कि मैंने इनसे सीखकर या इनकी बातें सुनकर रब की भक्ति करने लगा हूँ या नाम जपने लगा हूँ। संत धन्ना जी ने यह प्रत्यक्ष साबित किया है कि रब उनसे आकर मिला है। जो इन्सान सच को अपना लेता है सच उसको अपना लेता है। जो सच को मन में बसा लेता है उनका नाम सदा के लिए अमर हो जाता है। संत धन्ना जी का नाम सदा के लिए अमर हो गया है।

प्रश्न-10. सर संत पीपा जी तो क्षत्रिय थे। इनके बारे में आप क्या कहना चाहेंगे?

उत्तर- बेटा यह जो जात-पात है। यह लोगों को मानसिक गुलामी में फंसा देती है, जो इन्सान सच्चाई के रास्ते पर चल पड़ते हैं। उनके लिये जात-पात कोई रुकावट नहीं बनती और ना ही वह जात पात को मानते हैं। वह सबको एक वाहेगुरु के बच्चे मानकर प्यार करते हैं और वह खुद को भी एक साधारण व्यक्ति मानकर खुशी से जीवन व्यतीत करते हैं।

प्रश्न-11. सर संत त्रिलोचन जी के बारे में संत नामदेव जी भी अपनी बाणी में जिक्र करते हैं। क्या ये दोनों संत एक साथ रहते थे क्या?

उत्तर- बेटा संत त्रिलोचन जी का जन्म वैश्य वर्ण में हुआ। वैश्य वर्ण और शूद्र वर्ण ब्राह्मणों के अनुसार पाप योनी में आते हैं। गुरु नानक साहिब जी का सिद्धान्त वर्ण व्यवस्था को रद्द करके मानवता को एक समान मानता है और एक ही समान सबको उपदेश देता है। संत त्रिलोचन जी और संत नामदेव जी बहुत बार एक साथ बैठकर बातचीत किया करते थे। संत नामदेव जी ने संत त्रिलोचन जी को उदाहरण दे-देकर रब की भक्ति के बारे में बताया करते थे। बहुत सारे उदाहरण साहेब गुरु ग्रंथ साहिब जी में दर्ज हैं। संत त्रिलोचन जी ने अपनी बाणी में बताया है कि मनुष्य कैसे जीवन-मरण से मुक्त हो सकता है। संत त्रिलोचन जी ने बताया है कि अगर रब मन के अन्दर बस जाये या सच मन के अंदर बस जाये तो मनुष्य एक पल में मुक्त हो सकता है। संत त्रिलोचन जी आप भी जीवन-मरण से मुक्त थे।

प्रश्न-12. सर और कितने संत, महापुरुषों की बाणी साहिब गुरु ग्रंथ साहिब जी में दर्ज है?

उत्तर- बेटा संत रामानंद जी, संत सूरदास जी, संत भीखण जी, संत जैदेव जी, संत परमानंद जी, संत सधना जी, संत बैणी जी इन सभी संत, महापुरुषों की बाणी साहेब गुरु ग्रंथ साहिब जी में दर्ज है।

प्रश्न-13. सर गुरुओं, संतों, भक्तों के अलावा और किन-किन महापुरुषों की बाणी साहेब गुरु ग्रंथ साहिब जी में दर्ज है?

उत्तर- बेटा 11 भट्टों (कवियों) और 3 गुर सिखों की बाणी गुरु ग्रंथ साहिब जी में दर्ज है। जिनके नाम इस प्रकार हैं—(1) कल जी, (2) सल जी, (3) भल जी, (4) बल जी, (5) नल जी, (6) गयन्द जी, (7) भीखा जी, (8) कीरत जी, (9) मथुरा जी, (10) जालप जी, (11) हरबन्स जी और 3 गुर सिखों के नाम इस प्रकार हैं—(1) भाई सुन्दर जी, (2) भाई सत्ता जी, (3) भाई बलवड जी।

प्रश्न-14. सर गुरु ग्रंथ साहिब में कितने गुरुओं की बाणी है और 10 गुरु साहिबान के बारे में थोड़ा संक्षेप में जानकारी दो?

उत्तर- बेटा साहेब गुरु ग्रंथ साहिब जी के अंदर 6 गुरुओं की बाणी दर्ज है। जिनके नाम इस प्रकार हैं—(1) गुरु नानक साहिब जी, (2) गुरु अंगद साहिब जी, (3) गुरु अमरदास जी, (4) गुरु रामदास साहिब जी, (5) गुरु अरजन साहिब जी, (6) गुरु तेग बहादुर साहिब जी। इन गुरु साहिबान जी की बाणी साहेब गुरु ग्रंथ साहिब जी के अंदर दर्ज है। बेटा मैं आपको कविता के रूप में 10 गुरु साहिबान जी के बारे में संक्षेप जानकारी दे रहा हूँ।

दस गुरु साहिबान की संक्षिप्त जानकारी

1. धन धन गुरु नानक साहिब जी :-

- सिख पंथ के जन्मदाता बनकर गुरु नानक साहिब 1469 में आये।
- जात-पात और ऊंच-नीच के भेदभाव को गुरु नानक साहिब ने मिटाये॥
- हाथ पकड़कर ब्राह्मण हरदयाल का गुरु नानक साहिब ने जनेऊ धारण से किया इन्कार।
- जनेऊ खड़ी करता है मानवता के अंदर ऊँच-नीच और जात-पात की बड़ी दीवार॥

2. धन धन गुरु अंगद साहिब जी :-

- गुरमुखी लिपि बनाकर गुरु अंगद साहिब ने संस्कृत भाषा के कठिन शब्दों से बचाया।
- मल्ल-अखाड़े के अंदर कुश्तियाँ करा के गुरु साहिब ने कमजोरों को ताकतवर बनाया।।

3. धन धन गुरु अमरदास साहिब जी :-

- जब मुगल बादशाह अकबर गुरु अमरदास साहिब जी के दर्शन करने दरबार में आया।
- गुरु अमरदास साहिब जी ने अकबर को पहले पंगत फिर संगत का हुकुम सुनाया।
- पहले भोजन करके पंगत में फिर संगत में बैठकर अकबर ने गुरु अमरदास साहिब जी से ज्ञान हासिल किया था।
- गुरु अमरदास जी का हुकुम मानकर अकबर ने सती प्रथा का अंत करके नारी को आजाद किया था।

4. धन धन गुरु रामदास साहिब जी :-

- भुने हुए छोले बेचकर भाई जेठा जी ने बचपन में करी थी सच्ची किरत कमाई।
- गुरु अमरदास साहिब जी के मन मुताबिक सेवा करके भाई जेठा जी ने गुरु की गद्दी पाई॥
- रामदास सरोवर बना कर गुरु रामदास जी ने चारों वर्गों को मानवता देकर जात-पात का भेदभाव मिटाया।
- सच्ची बाणी उच्चारण करके गुरु रामदास जी ने सारी मानवता को सच का मार्ग दिखाया।।

5. धन धन गुरु अरजन साहिब जी :-

- साईं मियां मीर के हाथों से गुरु अर्जुन साहिब जी ने हरमंदिर साहिब की नींव का पत्थर रखवाया।
- भाई गुरदास जी के हाथों से आदि बीड़ (साहेब गुरु ग्रंथ साहिब जी) लिखवाकर गुरु साहिब ने बाबा बुड्ढा जी को हरमंदिर साहिब का पहला ग्रंथी बनाया।।

6. धन धन गुरु हरगोबिंद साहिब जी :-

- जब भक्ति का अंत होते देखा गुरु हरगोबिंद साहिब जी ने तब मीरी पीरी की दो तलवारे पाईं।
- पीरी नाम है भक्ति का, गुरु साहिब जी ने मुगलों से चार जंग जीतकर मीरी की ताकत दिखाई॥

7. धन धन गुरु हरिराय साहिब जी :-

- दिल्ली के बादशाह ने अपने लड़के के इलाज के लिये गुरु हरिराय साहिब जी के दरबार में फरियाद भिजवाई।
- प्राकृतिक हरड़ों से इलाज करके गुरु हरिराय साहिब जी ने बादशाह के बेटे की जान बचाई॥
- गुर बाणी की लाईन 'मिट्टी मुसलमान की' को बदलकर बाबा रामराय ने 'मिट्टी बेईमान की' कहकर जो अपराध किया था।
- गुरु हरिराय साहिब जी ने इस अपराध के कारण अपने ही बेटे को पंथ से बाहर किया था।

8. धन धन गुरु हरिकिशन साहिब जी :-

- पंचों खरे में गुरु हरिकिशन साहिब जी ने ब्राह्मण लालचंद का अहंकार तोड़कर गूंगे झज्जू झीवर से गीता के अर्थ करवाये।
- चेचक से पीड़ित लोगों की अपने हाथों से दिल्ली में सेवा करके गुरु साहिब जी ने रानी के हाथ से छोले खाये॥

9. धन धन गुरु तेग बहादुर साहिब जी :-

- त्याग मल की तेग का जौहर देखकर जंग में गुरु हरगोबिन्द साहिब ने कहा - **"ये है मेरा तेग बहादुर"**।
- बलिदान दिया मानवता के लिये अपने शरीर का फिर कहलाये गुरु तेग बहादुर साहिब **"विश्व के धर्म की चादर"**॥

10. धन धन गुरु गोबिंद सिंघ साहिब जी :-

- गुरु गोबिंद सिंघ जी ने 1699 में बैसाखी वाले दिन दबे कुचले लोगों को अमृत छकाकर एक खालसा पंथ सजाया।
- जो लोग बन गये थे बुजदिल ब्राह्मणों के कारण उनकों गुरु साहिब ने अमृत छकाकर बब्बर शेर बनाया।।
- 14 जंग जीतकर गुरु गोबिंद सिंघ जी ने 12 जंग में हिन्दुओं को, 2 जंग में मुगलों को हराये।
- 4 साहिबजादे और पिता गुरु तेग बहादुर साहिब को गुरु गोबिंद सिंघ जी ने मानवता के लिये शहीद करवाये।।

11. धन धन साहेब गुरु ग्रंथ साहिब जी :-

- साहेब गुरु ग्रंथ साहिब जी है मानवता के गुरु इन्हें पढ़कर हर धर्म का व्यक्ति ज्ञान ले सकता है।
- गुरु ग्रंथ साहिब है सच्चे ज्ञान का समुन्दर इससे हर धर्म का व्यक्ति अपने ज्ञान की प्यास बुझा सकता है।
- साहेब गुरु ग्रंथ साहिब जी को पढ़कर अपने अन्दर ज्ञान का दीपक जला सकते हैं।
- जो फैल रहा है अज्ञान का अंधकार इन्सान की जिन्दगी में उस अज्ञान को साहेब गुरु ग्रंथ साहिब जी के ज्ञान से मिटा सकते हैं।

प्रश्न-15. सर क्या साहेब गुरु ग्रंथ साहिब जी केवल सिखों के ही गुरु हैं या अन्य धर्म वाले भी साहेब गुरु ग्रंथ साहिब जी को अपना गुरु मान सकते हैं?

उत्तर- बेटा साहेब गुरु ग्रंथ साहिब जी केवल सिखों के ही गुरु नहीं है बल्कि पूरी मानवता के गुरु हैं।

हम साहेब गुरु ग्रंथ साहिब जी को मानवता के गुरु इसलिये मानते हैं क्योंकि साहेब गुरु ग्रंथ साहिब जी के अंदर जो लिखा हुआ है। वह सच्चाई से भरपूर है और सच हरेक धर्म के मनुष्य के लिये कल्याणकारी और लाभदायक होता है।

हर एक धर्म के मनुष्य के अंदर एक मन होता है।

" अगर मन सच को स्वीकार कर ले तो मन इन्सान को ज्ञानवान बना देता है।
अगर मन झूठ को स्वीकार कर ले तो मन इन्सान को शैतान बना देता है।। "

साहेब गुरु ग्रंथ साहिब जी का ज्ञान मन को ही सुधारने की प्रेरणा देता है। जिसका मन सुधर जाता है, उसको यह सारा संसार ही अपना परिवार नज़र आता है। इसलिये हम साहेब गुरु ग्रंथ साहिब जी को मानवता के गुरु मानते हैं। साहेब गुरु ग्रंथ साहिब जी के बारे में पहले भी यह जानकारी मैं कई बार दे चुका हूँ जो कि संक्षेप में इस प्रकार है -

गुरबाणी का ज्ञान समय की आवश्यकता

आज मैं आपको साहिब गुरु ग्रंथ साहिब जी के बारे में संक्षिप्त जानकारी दे रहा हूँ। अगर आपको पूरी जानकारी लेनी है तो आपको साहिब गुरु ग्रंथ साहिब जी को पढ़ना पड़ेगा। साहिब गुरु ग्रंथ साहिब जी के अन्दर 35 महापुरुषों की बाणी दर्ज है। जिसमें से 6 गुरुओं की बाणी, 15 संत-भक्तों की बाणी, 11 भट्ट साहिबान की बाणी, 3 गुरु सिखों की बाणी दर्ज है।

मैं आपको एक और बात बताना चाहता हूँ। ये 35 महापुरुष ब्राह्मणों की बनाई अलग-अलग जाति में पैदा हुए हैं। इसके बावजूद भी इन सभी महापुरुषों के विचार एक ही समान हैं। इन सभी महापुरुषों ने एक ही रब की भक्ति करने का आदेश दिया एवं सच बोलने की प्रेरणा दी।

इस संसार में आप सभी ने देखा होगा जैसे—सच और झूठ, कड़वा और मीठा, फूल और कांटे, खुशबू और बदबू, रोशनी और अंधेरा ये सभी दो चीजें मौजूद हैं। फर्क इतना है कि कोई सच बोलकर जिंदगी गुजारता है और कोई झूठ बोलकर जिंदगी गुजारता है। आपने देखा होगा कि जो लोग झूठ बोलकर जिंदगी गुजारते हैं। ये लोग किसी भी मंजिल को तय नहीं कर सकते। ऐसे लोग दुनियावी सुख तो भोग सकते हैं परन्तु आत्मिक सुख से वंचित होते हैं।

सुख दो प्रकार के होते हैं — पहला दुनियावी सुख एवं दूसरा आत्मिक सुख। दुनियावी सुख जैसे कि पैसे से घर-बार खरीद लेना, गाड़ी खरीद लेना, पैसे से हर शौक पूरा कर लेना और दुनिया में हर एक चीज खरीद कर खुशी महसूस करना, इसको दुनियावी सुख कहते हैं। आत्मिक सुख पैसे से नहीं, ज्ञान से मिलता है। यह आत्मिक सुख आपको साहिब गुरु ग्रंथ साहिब जी से मिल सकता है, जो कि 35 महापुरुषों के मुख से निकला रब का ज्ञान है। अगर आप सच बोलेंगे तो झूठ बोलने वाले को यह महसूस होगा कि यह मेरे खिलाफ बोल रहा है। साहेब गुरु ग्रंथ साहिब जी में दर्ज बाणी सच्चाई से परिपूर्ण है इसलिये ब्राह्मणों को यह लगता है कि साहेब गुरु ग्रंथ साहिब जी हमारे खिलाफ बोलते हैं, क्योंकि ब्राह्मणवाद झूठ से भरा हुआ है। इसी कारण ब्राह्मण रात-दिन सिख कौम एवं साहेब गुरु ग्रंथ साहिब जी को खत्म करने की योजनाएं बनाता रहता है। दुनिया में दो प्रकार के अन्धे होते हैं जैसे कि (1) आँखों के अन्धे एवं (2) अक्ल के अन्धे। (1) आँखों के अन्धे हम उन्हें कहते हैं जिन्हें दुनिगावी कोई चीज नजर नहीं आती है। लेकिन मैंने बहुत सारे ऐसे लोग भी देखे हैं जो आँखों से तो अन्धे हैं पर आत्मिक ज्ञान के धनी हैं। (2) अक्ल के अन्धे हम उन्हें कहते हैं जिन्हें सच और झूठ का पता नहीं होता और किसी की भी बातों में आकर उसी को सच मान लेते हैं। जैसे कि आमतौर पर कई लोग ब्राह्मणों की बातों को सच मान लेते हैं। यही अक्ल के अन्धों की पहचान है। यानि की ब्राह्मणवाद सारा का सारा अक्ल के अन्धों से भरा है। साहेब गुरु ग्रंथ साहिब जी के अंदर एक और महत्वपूर्ण बात यह है कि गुरबाणी किसी भी जात-पात, ऊँच-नीच के भेदभाव को नहीं मानती है। यह सबको बराबरी का अधिकार देती है। अगर कोई ब्राह्मण नीच कर्म करता है जैसे कि किसी को धोखा देना, झूठ बोलना, गरीब को तंग करना, किसी को निम्न जाति का मानना और उससे नफरत करना आदि। ऐसे लोगों को गुरबाणी नीच का दर्जा देती है। अगर कोई गरीब सच बोलकर जीवन यापन कर रहा हो और काम चाहे कोई भी कर रहा हो जैसे—सफाई कर्मी का, मोची का, खेती बाड़ी का, मजदूरी आदि का एवं किसी से भीख मांग कर नहीं खाता है और अपने परिवार के साथ-साथ दुनिया को भी प्यार करता हो। ऐसे लोगों को गुरबाणी संत, महापुरुष, ज्ञानी, विद्वान आदि कहती है। जिन्हें ब्राह्मणों ने नीच या शूद्र वर्ण का बनाया है। उन्हें गुरु नानक साहिब जी ने अपने गले लगाकर प्यार किया एवं बराबरी का दर्जा दिया है।

सभी मनुष्यों के अंदर अच्छे गुण पैदा करने की क्षमता होती है और इसी तरह अवगुण पैदा करने की भी क्षमता होती है। अच्छे गुणों का भी बहुत बड़ा खजाना होता है। इसी तरह अवगुणों का भी बहुत बड़ा खजाना होता है। आपके दिमाग में यह प्रश्न उठ रहा होगा कि खजाना तो सोना, चाँदी, हीरे, मोती, जवाहरात आदि का ही होता (गुणों एवं अवगुणों का नहीं होता) है। सोना, चांदी, हीरे, मोती, जवाहरात आदि के खजाने की तरह ही गुणों एवं अवगुणों का भी खजाना होता है। अगर आप इन गुणों के खजाने को हासिल करना चाहते हो तो आपको साहेब गुरु ग्रंथ साहिब जी को पढना पडेगा। साथ ही सच के रास्ते पर चलने वाले महापुरुषों की बाणीयों, किताबों आदि को भी पढ़ना पड़ेगा।

साहेब गुरु ग्रंथ साहिब जी की बाणी को जो पढ़ेगा उसी को आत्मिक ज्ञान प्राप्त हो जायेगा। साहेब गुरु ग्रंथ साहिब जी में दर्ज बाणी सभी के प्रति समता पर आधारित है। इसमें किसी के भी प्रति भेदभावपूर्ण व्यवहार नहीं है। हाँ, धर्म के कई ठेकेदारों के अंदर असमानता व भेदभाव पूर्ण आदि व्यवहार हो सकते हैं। जिस तरह स्कूल में टीचर अपने स्टूडेंट के साथ भेदभाव तो कर सकता है, पर जो स्कूल की किताबें हैं वह किसी के साथ भी भेदभाव नहीं करती हैं। जो भी किताब पढ़ता है उसी को ज्ञान मिल जाता है। इसी तरह जो भी गुरबाणी पढ़ेगा उन्हें आत्मिक ज्ञान प्राप्त हो जायेगा। इसके साथ ही जो भी मनुष्य ब्राह्मणवाद के झूठे जाल में फंसे हुए हैं वह उससे बाहर निकल जायेंगे। हम गुरबाणी के ज्ञान के प्रकाश को प्राप्त कर ब्राह्मणवाद के अज्ञान के अन्धकार से बाहर निकल सकते हैं।

जब आप भी साहेब गुरु ग्रंथ साहिब जी को पढ़ोगे तो आपको कुछ महापुरुषों के नाम के आगे जात (जाति) लिखी नजर आएगी। फिर आपके दिमाग में यह प्रश्न उठना स्वाभाविक है कि गुरबाणी तो जात-पात (जाति-पाति) को नहीं मानती है। फिर इनके नाम के साथ जात का उल्लेख क्यों? क्योंकि यह महापुरुष आत्मिक ज्ञान से परिपूर्ण एवं दूरदर्शी थे। वह जानते थे कि आने वाले वक्त में ब्राह्मण षड्यंत्र करके हम (महापुरुषों) को भी ब्राह्मण साबित करने की कोशिश कर सकते हैं। ब्राह्मणों की इन कुटिल चालों को नेस्तनाबूद करने के लिए और लोगों को सजग करने के लिये इन महापुरुषों ने जात (जाति) का उल्लेख अपने नाम के साथ करके लोगों को यह संदेश दिया कि ब्राह्मणों की कुटिल कूटनीति पर कभी भरोसा मत करना।

साहेब गुरु ग्रंथ साहिब जी भारत में जो 85 प्रतिशत मूलनिवासी बहुजन समाज हैं। उन सभी को ब्राह्मणों की गुलामी से आजाद कराने में सक्षम हैं। साहेब गुरु ग्रंथ साहिब जी ज्ञान फैलाते हैं और ब्राह्मणवाद अज्ञान फैलाता है। जैसे अंधेरे को रोशनी खत्म कर देती है। वैसे ही ज्ञान अज्ञान को खत्म कर देता है। ब्राह्मणवाद साहेब गुरु ग्रंथ साहिब जी को मिटाने की पूरी साजिश कर रहा है। इस ज्ञान को बचाना हमारा सभी का प्रथम कर्तव्य है।

हम आप सभी मूलनिवासियों से माफी चाहते हैं कि हमारे धर्म के कई ठेकेदारों ने गंदी राजनीति के चलते अपने निहित स्वार्थों से प्रेरित होकर गुरबाणी के सच्चे ज्ञान को आप सभी तक पहुँचाने में बहुत देर कर दी है। साथियों हम आप सभी से यह वादा करते हैं कि बहुत ही जल्दी हम रेडियो, टीवी., अखबार, किताबें, मीडिया, सोशल मीडिया आदि के माध्यम से गुरु के ज्ञान को आप सभी तक पहुँचाकर, आपको ब्राह्मणों की गुलामी से हमेशा के लिये आजाद करवायेंगे। ऐसा राज (खालसा राज, बेगमपुरा राज) पैदा करेंगे जिसमें जात पात नहीं होगी, कोई भूखा नहीं मरेगा, कोई प्यासा नहीं तड़पेगा। साथ ही हमारी यह भी कोशिश रहेगी की आप सभी को जीवन की मूलभूत आवश्यकतायें जैसे रोटी, कपड़ा, मकान, पानी, चिकित्सा, शिक्षा आदि प्राप्त होगी। किसी को कोई तंग, परेशान नहीं करेगा। आप सभी सुख-शांति से अपना जीवन व्यतीत कर सकेंगे।

यही गौतम बुद्ध जी का सपना है, यही गुरु नानक साहिब जी का सपना है, यही संत रविदास जी का सपना है, यही संत कबीर दास जी का सपना है, यही बाबा फरीद जी का सपना है, यही संत भीखन जी आदि का भी सपना है। यही सपना आपका और हमारा है। सभी के सहयोग से इन महापुरुषों के इस गौरवमयी सपने को हमें जल्दी ही पूरा करना है।

प्रश्न-16. सर कुछ सिख जगत की महिलाओं के बारे में बताएं जिन्होंने सच को पहचाना और सच के रास्ते पर चलकर अपना जीवन व्यतीत किया?

उत्तर- बेटा जिन-जिन महिलाओं के बारे में मैं जानता हूँ उनके बारे में कविता के रूप में संक्षेप जानकारी दे रहा हूँ -

बेबे नानकी जी :-

गुरु नानक साहिब जी की बहन बेबे नानकी जी ने सबसे पहले
गुरु नानक को पहचाना।
सच का दीपक जानकर गुरु नानक को बेबे नानकी ने अपना
गुरु माना।।
सच का उपदेश सुनकर बेबे नानकी जी ने सच को मन में बसाया।
सच के रास्ते पर चलकर पूरा जीवन सच बोलकर ही बिताया।।

माता खीवी जी :-

गुरु अंगद साहिब जी की जीवन साथी बनकर माता खीवी जी ने
पूरा साथ निभाया।
साध संगत के लिये माता खीवी जी ने खुद अपने हाथों से लंगर
(खाना) बनाया।।
खीर बनाकर माता खीवी जी ने उसके अंदर देसी घी मिलाया।
सबको एक समान लाइन में बैठाकर बड़े प्यार से सबको लंगर
(खाना) खिलाया॥

बीबी भानी जी :-

सच्ची कोख से सच्ची रूह ने सच्चे पातशाह
गुरु अमरदास जी के घर में बीबी भानी के रूप में जन्म लिया।
सच के रास्ते पर चलकर बीबी भानी जी ने
बचपन से जवानी का सफर तय किया।।
सच्चे पातशाह गुरु अमरदास जी ने बीबी भानी जी
का विवाह भाई जेठा जी के साथ किया।
भाई जेठा जी की परीक्षा लेकर गुरु अमरदास जी ने
गुरु रामदास नाम देकर गुरु गद्दी पर बैठा दिया।
गुरु रामदास जी की जीवन साथी बीबी भानी जी की कोख
से गुरु अरजन साहिब जी ने जन्म लिया।।
तीसरे गुरु की बेटी बीबी भानी चौथे गुरु की जीवन
साथी बीबी भानी पांचवें गुरु को बीबी भानी ने जन्म दिया।
छठवें गुरु की दादी बीबी भानी नौवे गुरु की परदादी बीबी
भानी दसवें गुरु की लकड़ दादी बनने का सौभाग्य प्राप्त किया।।

माता गुजरी जी :-

माता गुजरी का इतिहास है दुनिया में सबसे न्यारा।
लाखों मुसीबतें आई जिन्दगी में फिर भी हौसला नहीं हारा।।
पति को दिल्ली भेजा मानवता की रक्षा के लिये ।
बेटे गोबिन्द राय को बब्बर शेर बनाया दुश्मनों को सबक
सिखाने के लिये।।
फिर दुखों की आंधी आई जिसने घर बार सब कुछ उजाड़ दिया।
सरसा नदी के किनारे आकर वक्त ने परिवार को
अलग-अलग कर दिया।।
माता गुजरी बाबा फतेह सिंघ बाबा जोरावर सिंघ परिवार से
अलग हो गये।
अपने रसोईये गंगू ब्राह्मण के घर जाकर रात को आराम से सो गये।।
पैसे के लालच कारण गंगू ब्राह्मण ने गुरु गोबिन्द सिंघ जी के बच्चों को
नवाब से पकड़वाया।
झुकना नहीं है किसी दुश्मन के आगे यह माता गुजरी ने बच्चों को सिखाया।।
माता गुजरी जी की बात मानकर बच्चे दुश्मन के आगे झुके नहीं पर शहीद हो गये।
माता गुजरी जी रब की रजा में हमेशा के लिये ज्योति जोत समा गये।।
खुद सच के रास्ते पर चलकर माता गुजरी जी ने बच्चों को भी सच के रास्ते पर
चलना सीखाया।
मेघराज सिंघ नमन करता है माता गुजरी जी के चरणों में जिन्होंने अंतिम सांस तक
सच का साथ निभाया।।

खण्ड - 2: सच्चाई के लिए हथियार से जंग लड़ने वाले महान योद्धा

प्रश्न-1. सर आप हमें इस बारे में बताएं कि जिन-जिन गुर के सिखों ने हथियारों से जंग लड़ी है, कृपया करके उनके नाम और उनके बारे में बताएं?

उत्तर- बेटा वैसे तो सभी गुर के सिख सच्चे मार्ग पर चले हैं और उन्होंने मानवता के लिये काम किया है पर मैं आपको तीन गुर सिखों के बारे में बताना चाहता हूँ, जैसे कि (1) बाबा बन्दा सिंघ जी बहादुर, (2) महाराजा रणजीत सिंघ और (3) संत जरनैल सिंघ भिंडरावाले।

बाबा बन्दा सिंघ जी बहादुर :-

गुरु गोबिन्द सिंघ जी ने माधौ दास बैरागी को अमृत छकाकर
बाबा बन्दा सिंघ बहादुर का नाम दिया।
जुल्म के खिलाफ लड़ाई लड़ने के लिये बाबा बन्दा सिंघ बहादुर
को पंजाब भेज दिया।।
जालिम का राज खत्म करके बाबा बन्दा सिंघ बहादुर ने सिख
राज कायम किया।
दिल्ली में आकर फिर बाबा बन्दा सिंघ बहादुर ने शहादत का
जाम पिया।।
मजलूमों के हक की लड़ाई लड़ते-लड़ते बाबा बन्दा सिंघ बहादुर
ने अपना बलिदान दिया।
अंतिम साँस तक बाबा बन्दा सिंघ बहादुर ने मानवता के भले के
लिये काम किया।।

महाराजा रणजीत सिंघ जी :-

नौ साल की उम्र में रणजीत सिंघ ने जंग में तलवार चलाई।
बहुत ही बहादुरी से सिख राज के लिये रणजीत सिंघ ने
लड़ी लड़ाई।।
1799 में रणजीत सिंघ ने दूसरा सिख राज कायम कर दिया।
अच्छा राज कायम करके रणजीत सिंघ से महाराजा रणजीत सिंघ
बन गया।।
महाराजा रणजीत सिंघ ने अपने राज में हिन्दू, मुस्लिम और गोरों
को भी काम दिया।
किसी गुनहगार को अपने राज में फाँसी पर चढ़ने नहीं दिया।।
महाराजा रणजीत सिंघ ने मस्जिदें बनवाई और मंदिरों में
भी दान दिया।
अपने राज में महाराजा रणजीत सिंघ ने सबके साथ बराबर
इंसाफ किया।।
फिर ध्यान सिंह डोगरे और गुलाब सिंह डोगरे ने साजिश करके
पूरा सिख राज उजाड़ दिया।
इस साजिश के बदले अंग्रेजों ने डोगरों को जम्मू-कश्मीर का राज
दिया।।
याद करती रहेगी दुनिया कि महाराजा रणजीत सिंघ ने चालीस
साल सबसे अच्छा राज किया।
राजा होते हुए भी महाराजा रणजीत सिंघ ने अपने आप को
मानवता को समर्पित किया।।

संत जरनैल सिंघ जी भिंडरांवाले :-

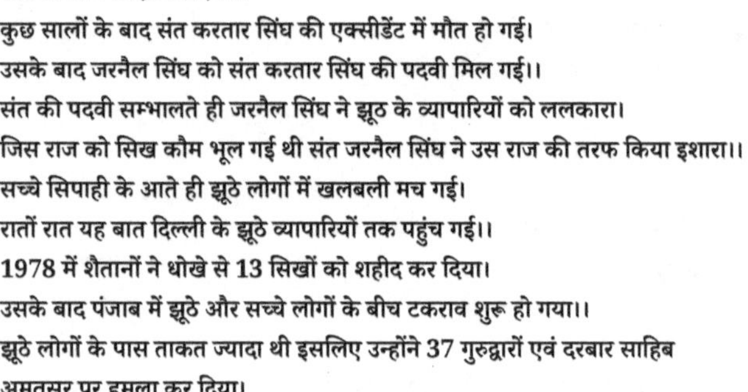

जरनैल सिंह का था बचपन से ही सीधा-साधा स्वभाव।
जब बात करते थे वह दूसरों से तब उनकी बात का पड़ता था प्रभाव।।
एक दिन संत करतार सिंघ जी घुमते हुये जोगिन्दर सिंघ के घर आये।
घर में घुमते हुये जरनैल सिंघ संत करतार सिंघ को नज़र आये।।
संत करतार सिंघ ने जोगिन्दर सिंघ से सेवक के रूप में संत जरनैल सिंघ को मांग लिया।
जोगिन्दर सिंघ हँसते-हँसते खुशी-खुशी जरनैल सिंघ को संत करतार सिंघ के साथ विदा कर दिया।।
कुछ सालों के बाद संत करतार सिंघ की एक्सीडेंट में मौत हो गई।
उसके बाद जरनैल सिंघ को संत करतार सिंघ की पदवी मिल गई।।
संत की पदवी सम्भालते ही जरनैल सिंघ ने झूठ के व्यापारियों को ललकारा।
जिस राज को सिख कौम भूल गई थी संत जरनैल सिंघ ने उस राज की तरफ किया इशारा।।
सच्चे सिपाही के आते ही झूठे लोगों में खलबली मच गई।
रातों रात यह बात दिल्ली के झूठे व्यापारियों तक पहुंच गई।।
1978 में शैतानों ने धोखे से 13 सिखों को शहीद कर दिया।
उसके बाद पंजाब में झूठे और सच्चे लोगों के बीच टकराव शुरू हो गया।।
झूठे लोगों के पास ताकत ज्यादा थी इसलिए उन्होंने 37 गुरुद्वारों एवं दरबार साहिब अमृतसर पर हमला कर दिया।
सिख आतंकवादी हैं यह झूठ पूरे भारत में फैलाकर पंजाब के बहुत सारे सिखों को शहीद कर दिया।।
दरबार साहिब में बैठे संत जरनैल सिंघ एवं उनके साथी बड़ी बहादुरी से दुश्मनों का मुकाबला करते रहे।
आखिरी गोली और आखिरी साँस तक दुश्मनों से लड़ते-लड़ते सिख शहीद होते रहे।।
7 जून 1984 सुबह के वक्त दुश्मनों का मुकाबला करते-करते संत जरनैल सिंघ जी भी शहीद हो गये।
तीसरे सिख राज का नींव पत्थर संत जरनैल सिंघ जी अपने हाथों से रख गये।।
मैं शरीर की मौत को मौत नहीं मानता, जमीर की मौत ही असली मौत है।
इस बात को बोल-बोलकर लाखों मरे जमीरों को जिंदा कर गये।।
मेघराज सिंघ, खुद संत जरनैल सिंघ जी भिंडरांवाले सच के रास्ते पर चलकर करोड़ों को सच के रास्ते पर चलना सीखा गये।।

प्रश्न-2. सर कुछ सिख जगत की महिलाओं के बारे में बताएं जिन्होंने हथियार से जंग लड़कर के सच्चाई के रास्ते पर चलकर अपना बलिदान दिया?

उत्तर- बेटा जिन-जिन महिलाओं के बारे में मैं जानता हूँ उनके बारे में कविता के रूप में संक्षेप जानकारी दे रहा हूँ-

माता भाग कौर जी :-

घोड़े के ऊपर चढ़कर जब माता भाग कौर जंग के अंदर आईं।
बड़ी बहादुरी से माता भाग कौर ने जंग में तलवार चलाई।।
जंग के अंदर से माता भाग कौर ने दुश्मन की फौज भगाई।
दुनिया याद रखेगी माता भाग कौर को जिन्होंने सत्य के लिये लड़ी लड़ाई।।

बीबी हरशरण कौर जी :-

चमकौर की गढ़ी में जब खत्म हुई थी लड़ाई।
बहुत सारे सिखों ने उस जंग में लड़ते-लड़ते शहीदी पाई।
बहुत सारी लकड़ियाँ इकट्ठी करके बीबी हरशरण कौर ने एक चिता बनाई।
शहीद सिखों के मृतक शरीरों को चिता के ऊपर रखकर फिर उसमें आग लगाई।
दूर बैठे दुश्मनों को जब आग जलती नजर आई।
पास आकर दुश्मनों ने हरशरण कौर को जिंदा चिता में जलाई।
प्रणाम करता है मेघराज सिंघ हरशरण कौर को
जिन्होंने इतनी दिलेरी दिखाई।

बेटा सिख इतिहास ऐसी अनगिनत महिलाओं की बहादुरी के कारनामों से भरा पड़ा है जैसे कि -

बहुत सारी महिलाएं ऐसी हैं सिख धर्म में
जिन्होंने सच का मार्ग अपनाया।
बेअंत दुख, तसीहे दिये दुश्मनों ने फिर भी उन्होंने
सच नहीं गवाया।।
बच्चों के टुकड़े कर-कर के दुश्मनों ने हार बनाकर
महिलाओं के गलों में पहनाए।
जान ले ली महिलाओं की दुश्मनों ने फिर भी महिलाओं
ने सिखी सिदक निभाए।।
सिखी सिदक नाम है सच का जो सच जुगो-जुगो
से चलता है आया।
सच्चे लोगों को यह संसार आदर-मान से सदा ही
याद करता है आया।।

खण्ड - 3: सच्चाई के लिए आवाज उठाने वाले महान इंसान

भगत पूरन सिंघ जी :-

1947 में जब पाकिस्तान भारत से अलग हो रहा था।
तब बेरहमी से पंजाब में मानवता का कत्ल हो रहा था।।
कुछ लोग धन माल लेकर पाकिस्तान से भारत आ गये।
कुछ लोग धन माल लेकर भारत से पाकिस्तान चले गये।।
एक इन्सान थे पूरन सिंघ जो पाकिस्तान से एक अपाहिज को
लेकर भारत आया।
गरीब मजलूमों बेसहाराओं को पूरन सिंघ ने अपने गले लगाया।।
पिग्लवाड़ नाम रखकर अपाहिजों के लिए एक आश्रय स्थल बनाया।
भगत पूरन सिंघ जी दुनियावी विद्या के साथ-साथ
पूरन सिंघ ने बच्चों को सच्चा ज्ञान भी सिखाया।।
जिन बच्चों को ठुकराया दुनिया ने उन बच्चों को पूरन सिंघ ने सम्हाला।
रात-दिन रहे बच्चों के साथ-साथ कभी छोड़ा नहीं बच्चों को अकेला।।
कभी माँ बनकर पूरन सिंघ ने बच्चों को बहुत लाड़ लड़ाया।
कभी पिता बनकर पूरन सिंघ ने बच्चों को बुरे कामों से पीछे हटाया।।
तड़पते और बिलखते हुये बच्चों को पूरन सिंघ ने अपने गले लगाया।
माँ और पिता बनकर पूरी ईमानदारी से बच्चों का साथ निभाया।।
रात दिन बच्चों की अपने हाथों से सेवा करके बहुत पुण्य कमाया।
मोह माया से ऊपर उठकर मानवता की सेवा करके अपना जीवन सफल बनाया।।
बीसवीं सदी में पूरन सिंघ जी मानवता के रखवाले बनकर आये।
मानवता की सेवा और वाहेगुरु की भक्ति करके भगत पूरन सिंघ जी कहलाये।।
जिनके अंदर होता है इन्सानों के लिये प्यार वही इन्सानों की सेवा कर सकते हैं।
जिनके अंदर होता है सच वही मानवता के भले के लिये काम कर सकते हैं।।
दीन दुखी की सेवा करके भगत पूरन सिंघ दीन दयालु में समा गये।
मेघराज सिंघ, लाखों लोगों को भगत पूरन सिंघ जी दीन दुखी की सेवा करना सीखा गये।।

ज्ञानी दित सिंघ जी :-

ज्ञानी दित सिंघ जी ने स्वामी दयानन्द जी को तीन बार विचार चर्चा
में हराकर जीत का परचम फहराया।
गुरु गोबिन्द सिंघ जी के लाडले सुपुत्र ज्ञानी दित सिंघ जी ने 51
किताबें लिखी और खालसा अखबार चलाया।।
ब्राह्मणवाद जो आ गया था सिख कौम के अंदरउसको किताबों और
खालसा अखबार केमाध्यम से बाहर भगाया।
ज्ञानी दित सिंघ जी ने स्वामी दयानन्द जी को विचार चर्चा में एक या
दो बार नहीं बल्कि तीन बार हराया।।
ज्ञानी दित सिंघ जी के सच्चे विचारों को सुनकर स्वामी दयानन्द जी था अन्दर से बहुत घबराया।
स्वामी दयानन्द जी के आगे ज्ञानी दित सिंघ जी ने पहला यह मुद्दा उठाया।।
अग्नि, पानी, वायु, धरती, आकाश यह पहले से हैं या ईश्वर ने इन सभी तत्वों को बनाया।
अग्नि, पानी, वायु, धरती, आकाश पहले से ही थे मौजूद ईश्वर ने इन सबको
मिलाकर यह संसार बनाया ऐसा स्वामी जी ने बताया।।
पाँच तत्व और पूरे ब्रह्माण्ड को एक ही ईश्वर ने बनाया इस बात को साबित करके
ज्ञानी दित सिंघ जी ने स्वामी दयानन्द जी को पहली बार हराया।
स्वामी दयानन्द जी के आगे विचार चर्चा में चार वेद ब्रह्मा के लिखे हुए नहीं हैं यह मुद्दा
ज्ञानी दित सिंघ जी ने उठाया।।
चार वेद लिखे हैं मनुष्य ने यह परा बाणी, पसंती बाणी, मध्यमा बाणी, बैखरी
बाणी से सिद्ध करके ज्ञानी दित सिंघ जी ने दिखाया।
स्वामी दयानन्द जी कभी कहे चार वेद ब्रह्म ने लिखे, कभी कहे अग्नि, वायु, आदित्य, अंगारा ने लिखे।
अपने ही वचनों को स्वामी जी ने बार-बार पलटाया।।
ज्ञानी दित सिंघ जी ने स्वामी जी के झूठ का पर्दाफाश करके दूसरी विचार चर्चा में भी हराया।
स्वामी दयानन्द जी के आगे तीसरी विचार चर्चा में ज्ञानी दित सिंघ जी ने जीव
कैसे मुक्त हो यह मुद्दा उठाया।।
मरने के बाद जीव मुक्त होता है। जहां मर्जी जा सकता है, जहां मर्जी रह सकता है,
फिर वापस आ सकता है, यह स्वामी जी ने फरमाया।
क्या मरने के बाद जीव को ज्ञान होता है? जीव कहाँ से आया और कहाँ जायेगा?
इस बात को सुनकर स्वामी जी हाँ बोले और मुस्कुराये।।

अगर मनुष्य गहरी नींद या बेहोशी की हालत में हो उस वक्त मनुष्य को ज्ञान नहीं होता।
तो मनुष्य को मरने के बाद में कैसे पता लगेगा कि वो किस योनि में है या आपको क्या पता है इसके बारे में इसका पर्दाफाश करके ज्ञानी दित सिंघ जी ने स्वामी जी को तीसरी बार हराया।
नाराज होकर स्वामी दयानन्द जी ज्ञानी दित सिंघ जी से बोले तुम छेड़ लेते हो मेरे साथ झगड़े बड़े-बड़े।
ज्ञानी दित सिंघ जी बोले स्वामी दयानन्द जी से बड़े-बड़े राजाओं के झगड़े भी होते हैं बहुत बड़े-बड़े॥
संक्षेप लिखा मेघराज सिंघ ने ज्ञानी दित सिंघ जी के बारे में अगर पूरी जानकारी लेनी हो तो
किताब पढ़ो "साधु दयानन्द और मेरा संवाद"।
सच जीतता आया है इस धरती पर और सच ही जीतेगा और सच ही जीतता रहेगा अंत और आद-अनाद।।

महारानी जिंद कौर जी :-

जिन्द कौर है रानी महाराजा रणजीत सिंघ की जिन्होंने डेढ़ लाख
मुरब्बा जमीन पर चालीस साल राज किया है।
हिन्दू, मुस्लिम, सिख, ईसाई और अन्य धर्म के लोगों के साथ
बराबर इंसाफ किया है।।
राज खत्म होने के बाद महारानी जिन्द कौर को अंग्रेजों ने जेल में
डाल दिया था।
अंग्रेजों और मनुवादियों ने मिलकर महारानी जिन्द कौर को जेल
में बहुत परेशान किया था।।
दासी के कपड़े पहनकर महारानी जिन्द कौर जेल से बाहर निकल गई थीं।
महारानी जिन्द कौर जी छुपते-छिपाती चलते-चलते महारानी जिन्द कौर नेपाल के राजा
की शरण में पहुँच गईं थीं।।
राज खत्म करके अंग्रेज दिलीप सिंघ को इंग्लैंड ले गये थे।
फिर जिन्द कौर से मिलवाने के लिये महाराजा दिलीप सिंघ को कलकत्ते ले आये थे।।
फिर उस समय जिन्द कौर को अंग्रेज इंग्लैण्ड में ले गये थे।
इंग्लैण्ड में ही जिन्द कौर ने अपने अन्तिम साँस पूरे किये थे।।
अन्तिम साँस तक जिन्होंने सच्चाई से जीवन बिताया।
दुनिया के अन्दर उनका नाम हमेशा चलता आया।।

खण्ड - 4: सच्चाई के लिए कलम से जंग लड़ने वाले महान इंसान

प्रश्न-1. सर जिन-जिन लोगों ने सच्चाई के रास्ते पर चलकर आंदोलन किया है उन लोगों के बारे में कुछ बताएं?

उत्तर- बेटा सब लोगों को तो मैं नहीं जानता पर जिन-जिन लोगों के बारे में मैं जानता हूँ उन लोगों के बारे में कविता के रूप में बताने की कोशिश करूंगा।

ज्योतिबा फुले जी :-

अनपढ़ रहकर सेवा करना शैतानों ने इसको धर्म बताया।
अधर्म को धर्म बताकर भारतवासियों को गुलामी में फंसाया।।
हजारों सालों से भारतवासी गुलामी में जी रहे थे।
धर्म समझकर अधर्म को पीढ़ी-दर-पीढ़ी ढो रहे थे।।
भूखे प्यासे तड़प-तड़पकर मर रहे थे भारतवासी।
किसी भी भगवान ने भारतवासियों की गुलामी से नहीं करी खलासी।।
ज्ञान का दीपक बनकर एक बालक गोविन्द राम के घर आया।
खुद ज्ञान सीख कर दूसरों को ज्ञान सीखाकर समाज में ज्ञान का
दीपक जलाया।।
ज्योतिबा फुले की पढ़ाई रोकने के लिये ब्राह्मणों ने हजारों षड्यंत्र रचाये।
ज्योतिबा फुले की तीक्ष्ण बुद्धि देखकर ब्राह्मण अंदर ही अंदर घबराये।।
गोविन्द राम को ब्राह्मणों ने धर्म के नाम पर गलत पाठ पढ़ाये।
ज्योतिबा फुले व सावित्री बाई को ब्राह्मणों ने घर से बाहर निकलवाये।।
ज्योतिबा फुले व सावित्रीबाई ने मिलकर कई पाठशाला खुलवाये।
बहुत सारे बच्चों को पढ़ाकर ब्राह्मणों की मानसिक गुलामी से बचाये।।
हजारों सालों के अज्ञान को ज्योतिबा फुले ने अपने ज्ञान से जलाया।
गुलामगिरी किताब लिखकर ज्योतिबा फुले ने हजारों लोगों को अज्ञान से बचाया।।
सत्यशोधक मिशन चलाकर ज्योतिबा फुले ने सत्य को घर-घर पहुँचाया।
वहम, भ्रम पाखंड से हजारों लोगों को बचाया।।
हजारों सालों के पाखण्डवाद को ज्योतिबा फुले ने जलाकर राख कर दिया था।
अकेले ज्योतिबा फुले ने ही सारे मनुवादियों का जीना मुश्किल कर दिया था।
अंतिम साँस तक ज्योतिबा फुले ने समाज में सच ही सच फैलाया।

सत्यशोधक मिशन जो अधूरा रह गया था उसको सावित्री बाई ने चलाया।।
मिशन चला सकते हैं वही लोग जिन्होंने सच को पढ़ा और सच को अपनाया।
मेघराज सिंघ मर कर भी उनका नाम जिन्दा रहता है जिन्होंने सच की तरफ कदम बढ़ाया।।

डॉ. भीमराव अंबेडकर जी :-

डॉ. अम्बेडकर का जन्म शूद्र के घर में हुआ था।
बचपन से ही अम्बेडकर को छुआ-छूत के रोग ने जकड़ लिया था।।
जब स्कूल में गये भीमराव तब मास्टर ने भेदभाव किया था।
जब क्लास में बैठे भीमराव तब साथियों ने अपने से दूर किया था।।
दृढ़ इरादा करके भीमराव लगातार पढ़ते रहे।
छुआछूत की मानसिक बीमारी का लगातार सामना करते रहे।।
जवानी में पैर रखने से पहले ही भीमराव का
रमा बाई के साथ विवाह हो गया।
धीरे-धीरे देखते ही देखते भीमराव का परिवार बढ़ा हो गया।।
फिर भीमराव विदेशों में पढ़ाई करने के बाद भारत वापस आ गये।
एक सरकारी ऑफिस में भीमराव नौकरी करने लग गये।।
एक दिन चपरासी ने डॉ. अंबेडकर को पानी नहीं पिलाया।
एक ब्राह्मण चपरासी ने डॉ. अंबेडकर को अछूत होने का एहसास कराया।।
अपना अपमान होते देखकर डॉ. अंबेडकर ने यह फैसला कर लिया था।
अपने समाज को छुआछूत के गटर से बाहर निकालूँगा ऐसा मन में सोच लिया था।।
फिर डॉ. भीमराव अंबेडकर ने संविधान लिखकर हजारों साल की काट दी गुलामी।
मनुवादी भी हाथ जोड़कर डॉ. भीमराव अंबेडकर को रात-दिन करते हैं सलामी।।
मनुवादियों के सामने डॉ. भीमराव अंबेडकर चट्टान की तरह खड़े थे।
मनुवादियों की कूटनीतियों से बाबा साहेब अकेले ही लड़े थे।।
अपना सब कुछ खोकर बाबा साहेब ने मूलनिवासियों को बहुत कुछ दिया है।
हजारों सालों के झूठ को बाबा साहबे ने संविधान लिखकर खत्म कर दिया है।।
बाबा साहिब ने सच पढ़ा, सच लिखा, सच बोला और सच को दिल से अपनाया।
मेघराज सिंघ, बाबा साहेब की कुर्बानियों के सामने मूलनिवासियों ने सीस झुकाया।।

छत्रपति शाहू जी महाराज :-

फुले जी के शिष्य बनकर शाहू जी ने सच को अपनाया।
मनुवाद के झूठ को ध्वस्त करके सच को दूर-दूर तक फैलाया।
आरक्षण देकर भारतवासियों को ताकतवर बनाया।
रोजगार और शिक्षा देकर भारतवासियों को ऊपर उठाया।

सयाजी राव गायकवाड़ :-

फुले जी से प्रभावित होकर सयाजी ने शिक्षा को आगे बढ़ाया।
जन कल्याण के लिये सया जी राव ने मजबूती से आगे कदम बढ़ाया।।
बाबा साहेब के संरक्षक बनकर उनको फायदा पहुँचाया।
मूलनिवासियों के फायदे के लिये पूरा जीवन लगाया।।

एम.सी. राजा जी :-

तमिलनाडु के एम.सी. राजा ने जस्टिस पार्टी बनाई।
गोलमेज सम्मेलन में शामिल होकर मजलूमों की आवाज उठाई।
बाबा साहेब के साथ मिलकर मनुवादियों से लड़ी लड़ाई।
सच हक की लड़ाई लड़ते-लड़ते संसार से ली विदाई।

जोगेन्दर नाथ जी मंडल :-

बरी साल बंगाल के जोगेन्दर नाथ मंडल ने एक अच्छा काम करके दिखाया।
दलित मुस्लिम के लिये एक नमो शूद्राय नाम का संगठन बनाया।।
बाबा साहेब को जीतवाकर संविधान सभा में भिजवाया।
पाकिस्तान के वित्त मंत्री बनकर अंतिम साँस तक गरीबों का साथ निभाया।।

रामास्वामी पेरियार जी :-

झरोड़ तमिलनाडु में रामास्वामी पेरियार पैदा हुए थे।
बचपन से ही मनुवाद के कट्टर विरोधी बन गये थे।।
मनुवादी को ध्वस्त करने के लिये बहुत सारे कारनामे किए थे।
मजलूमों के हक के लिये द्रविड़ आंदोलन चलाकर
मनुवाद से अंतिम साँस तक लड़े थे।।

नारायण गुरु जी :-

नारायण गुरु का तिरुअन्तपुरम केरल में अछूत के घर जन्म हुआ था।
जातिवाद और छुआ-छूत का नारायण गुरु ने बहुत ज्यादा विरोध किया था।।
पाखण्डवाद मनुवाद के अत्याचारों के ऊपर सच से वार किया था।
गरीबों और मजलूमों के लिये मनुवाद से अंतिम साँस तक संघर्ष किया था।।

अली मुसलियार जी :-

मालाबार केरल में पैदा होकर सामन्तों और ब्राह्मणों के खिलाफ आंदोलन चलाया।
सशक्त मोपला विद्रोह का नेतृत्व करके मूलनिवासी समाज को जगाया।
एक लाख से ज्यादा शैतान शासकों को आंदोलन से नुकसान पहुँचाया।
किसान और मजलूमों का ईमानदारी से मरते दम तक साथ निभाया।

सर छोटू राम जी :-

रोहतक हरियाणा में जाट के घर जन्म लेकर कृषक जातियों में एकता का बिगुल बजाया।
यूनियनिस्ट पार्टी बनाकर एक जगह इकट्ठे होने का मिशन चलाया।।
हरित क्रान्ति का आंदोलन चलाकर मूलनिवासियों को जगाया।
अन्तिम साँस तक सर छोटू राम ने शिक्षा को बढ़ाया।।

मान्यवर कांशीराम जी :-

मान्यवर कांशीराम थे बचपन से ही बहुजनों के हमदर्दी।
हर वक्त मदद करने के लिये तैयार रहते थे चाहे गर्मी हो या सर्दी।।
सबसे पहले कांशीराम ने दीनाभाना के हक में आवाज उठाई।
बाबा साहेब की जयंती के अवसर पर मान्यवर कांशीराम ने
सरकारी छुट्टी करवाई।।
घर का मोह त्याग कर फिर मान्यवर कांशीराम ने आंदोलन
का रास्ता अपनाया।
दूर-दूर तक सफर करके साइकिल के ऊपर बहुजनों को जगाया।।
सियासी ताकत ही करेगी बहुजनों की समस्या का समाधान यह
सोचकर सियासत की तरफ कदम बढ़ाया।
जिन लोगों ने संसद का नाम कभी सुना नहीं था उन लोगों को मान्यवर
कांशीराम ने संसद तक पहुँचाया।।
संसद तक हम पहुंचे या ना पहुँचे संघर्ष जारी रहना चाहिए ऐसा कांशीराम कहा करते थे।
बैलेट को सुरक्षित रखने के लिए बुलेट रखनी चाहिये ऐसा भी कांशीराम कहा करते थे।।
बिना थके बिना रुके बिना हारे लगातार आंदोलन करते रहे।
दूर-दूर तक साइकिल के ऊपर सफर करके सच का प्रचार करते रहे।।
ना कभी रात देखी ना कभी दिन देखा लगातार बहुजनों को जगाने का काम करते रहे।
भारत के कोने-कोने से बहुजनों को चुन-चुनकर संसद तक भेजते रहे।।
जिन्दगी की भागदौड़ में मान्यवर कांशीराम जी एक दिन बहुत बीमार हो गये।
बीमारी का इलाज कराने के लिये फिर मान्यवर कांशीराम जी अस्पताल में भर्ती हो गये।।
जो दुश्मन समझते थे मान्यवर कांशीराम को अपना उन्होंने एक षड्यंत्र रचाया।
बड़ी चालाकी से दुश्मनों ने मान्यवर कांशीराम को अस्पताल में ही मरवाया।।
करोड़ों बहुजनों को जगा कर मान्यवर कांशीराम खुद मौत की नींद सो गये।
जो सपने सजाए थे मान्यवर कांशीराम ने वह सपने अधूरे रह गये।।
मान्यवर कांशीराम जी के सपनों को हम सब मिलकर पूरा करेंगे।
मेघराज सिंघ को यकीन है बहुजनों पर कि सब मिलकर सच्चाई का राज कायम करेंगे।।

प्रश्न-2. सर पूरे भारत की और विदेश की ऐसी कौन-कौन सी महिलाएं हैं जिन्होंने सच्चाई के लिये संघर्ष किया?

उत्तर- बेटा पूरे भारत और विदेशों की जिन-जिन महिलाओं ने सच्चाई के लिये संघर्ष किया है। मैं सभी महिलाओं के नाम तो नहीं जानता पर जिन-जिन महिलाओं के नाम मैं जानता हूँ। उनके नाम और कार्यों के बारे में कविता के रूप में बता रहा हूँ-

सावित्री बाई फुले जी :-

हजारों सालों की गुलामी को महिलायें अनजाने में ढो रहीं थीं।
अनपढ़ रहना घर का काम करना बस इसी को अपना धर्म
समझ रही थीं।
पहले पिता के अधीन फिर पति के अधीन फिर बच्चों के अधीन
रहकर अपनी जिन्दगी पूरी कर रहीं थीं।
बलधारी महिलाएं हजारों सालों से अबला बनकर जिन्दगी जी रहीं थीं।
ज्योतिबा फुले की पत्नी बनकर सावित्री बाई आई।
ज्योतिबा फुले ने सावित्री बाई फुले के अंदर ज्ञान की ज्योत जलाई।
ज्ञान की ज्योत से सावित्री बाई ने मनुवाद की मानसिक
गुलामी में आग लगाई।
अज्ञान के अंधेरे से बाहर निकलकर खुद सावित्री बाई ज्ञान की रोशनी में आई।
ज्ञान की ताकत से सावित्री बाई ने मनुवाद के अज्ञान की गद्दी हिलाई।
लड़कियों को पढ़ाने के लिये सावित्री बाई ने बहुत सारी पाठशाला खुलवाईं।
मनुवादियों के कारण सावित्रीबाई ने अपनी जिंदगी में बहुत सारी तकलीफें उठाई।
याद रखेगा जमाना सावित्री बाई को जिन्होंने लड़कियों के अंदर विद्या की ज्योति जलाई।

मदर टेरेसा जी :-

रोते हुए बच्चों को मदर टेरेसा ने अपनी छाती से लगाया।
भूख से तड़पते हुए बच्चों को मदर टेरेसा ने अपने हाथों
से खाना खिलाया।।
दुख-सुख में उनके साथ रहीं कभी समझा नहीं उनको पराया।
गरीबों और लाचारों का मदर टेरेसा ने अंतिम साँस तक साथ निभाया।।
दुनिया में ऐसे बहुत कम इन्सान मिलते हैं जो दूसरों को
नहीं समझते पराया।
मेघराज सिंघ उनके बारे में लिखता रहेगा जिन्होंने दुनिया में
प्यार ही प्यार फैलाया।।

रमा बाई जी :-

माता रमा बाई छोटी उम्र में डॉ. भीमराव अम्बेडकर के साथ बिहाई।
डॉ. अम्बेडकर की जिन्दगी में माता रमा बाई बहुत खुशियाँ लेकर आई।
कुछ दिन के बाद ही डॉ. अंबेडकर के घर में बच्चे
की किलकारी दी सुनाई।
धीरे-धीरे चार बच्चों की माँ बनी रमा बाई।
मेहनत मजदूरी करके रमा बाई ने अपनी और बच्चों की जिंदगी चलाई।
डॉ. अम्बेडकर तो विदेश में पढ़ रहे थे पीछे रमा बाई
ने बहुत तकलीफ़ उठाई।
फिर रमाबाई की जिंदगी में चारों तरफ से दुखों की आंधी आई।
गरीबी के कारण बच्चे मर गये उनकी अपने हाथों से चिता जलाई।
सच्चाई और ईमानदारी से माता रमा बाई ने अंतिम सांस तक अपनी जिंदगी चलाई।
डॉ. भीमराव अंबेडकर के गोद में सिर रखकर माता रमा बाई ने ली दुनिया से बिदाई।
रमा बाई की कहानी लिखकर मेघराज सिंघ की आंखे भर आईं।
डॉ. अंबेडकर के साथ रमा बाई ने अंतिम सांस तक प्रीति निभाई।

खण्ड - 5: जुल्म के खिलाफ जंग लड़ने वाले महान क्रांतिकारी

प्रश्न-1. सर आप भारत में रहने वाले महान क्रांतिकारियों के बारे में कुछ बताएं?
उत्तर- बेटा जिन-जिन के बारे में मैं जानता हूँ उनके बारे में इस प्रकार है जैसे कि -

बिरसा मुंडा जी :-

बिरसा मुंडा ने बहुजनों को आजाद करने के लिये षड्यंत्रकारी ब्राह्मणों और अंग्रेजों से लड़ी लड़ाई।
बिरसा मुंडा ने बहुजनों के अंदर आंदोलन करके आजादी की ज्योत जलाई।
जिस आजादी के लिये बिरसा मुंडा ने बहाया है अपना खून उस आजादी को हम सब मिलकर हासिल करेंगे।
बौद्ध, ईसाई, इस्लाम, सिख, जैन, लिंगायत, एस.टी.,एस.सी., ओ.बी.सी. सब मिलकर सच्चाई का राज कायम करेंगे।

उधम सिंघ जी :-

जलियांवाला बाग के अंदर बेगुनाहों के ऊपर अंग्रेजों ने गोलियां चलाई।
बेगुनाहों का खून देखकर उधम सिंघ ने बदला लेने की कसम थी खाई।
बेगुनाहों का खून बहाकर जनरल डायर इंग्लैंड चला गया था।
उधम सिंघ भी दुश्मन शैतान से बदला लेने इंग्लैंड पहुँच गया था।
21 साल तक उधम सिंघ बदला लेने का इन्तजार करता रहा।
कभी भूखा, कभी प्यासा, कभी भोजन खाकर वक्त गुजारता रहा।
एक दिन भरी सभा में जाकर जनरल डायर कोगोली मारकर उधम सिंघ ने बदला ले लिया।
वहीं पर खड़ी पुलिस ने उधम सिंघ को उसी वक्त गिरफ्तार कर लिया।
अदालत में पेश करने के दौरान उधम सिंघ को जज ने उसका नाम पूछ लिया।
तीन धर्मों को मुख्य रखते हुए मोहम्मद राम-रहीम उधम सिंघ ने अपना नाम बता दिया।
जो होते हैं सच्चे और ईमानदार लोग वह क्रान्तिकारी बनकर जो सोचते हैं वह करके दिखा देते हैं।
मेघराज सिंघ, नहीं झुकते वह किसी दुश्मन, शैतान के आगे वह अंतिम साँस तक सच्चाई का बिगुल बजा देते हैं।

भगत सिंघ जी :-

जब चारों तरफ हो झूठ का अंधेरा तब उस वक्त सच के
जुगनू भी टिमटिमाते हैं।
दूसरों के घरों में आग लगाने वाले फिर जुगनू की टमटहात से डर जाते हैं
भगत सिंघ था सच का जुगनू जिसने अंग्रेजों के जुल्मी अंधेरे
में आग लगाई।
अदालत में बम पटकाकर भगत सिंघ ने जुल्म के खिलाफ लड़ी लड़ाई।
देश के गद्दारों ने मिलकर फिर भगत सिंघ और उनके
साथियों को फांसी लगवाई।
हँसते-हँसते भगत सिंघ और उनके साथियों ने दुनिया से ली विदाई।
लोगों के लिए वह रोल मॉडल बन जाते हैं जो जीते जी करते हैं सच की कमाई।
मेघराज सिंघ, उनका नाम तारों की तरह चमक जाता है जिन्होंने जुल्म के खिलाफ आवाज उठाई।

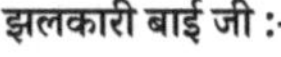
झलकारी बाई जी :-

झाँसी की रानी की जान बचाने जंग के मैदान में झलकारी बाई आई।
अंग्रेजों के साथ बहादुरी से झलकारी बाई ने लड़ी लड़ाई।।
खूब चला नाम झाँसी की रानी का परकहीं झलकारी बाई
नजर नहीं आई।
दुश्मन नाम दबा देता है उनका जिन्होंने आजादी के लिये
अपनी जान गंवाई।।
झूठ चाहे सच को जितना मर्जी दबा ले फिर भी सच्चाई
एक ना एक दिन सामने आई।
बहादुर इन्सानों की यह दुनिया हमेशा करती आई है बढ़ाई।।
नाम चमकता रहेगा उनका दुनिया में जिन्होंने झूठ के खिलाफ लड़ी लड़ाई।
मेघराज सिंघ सदा नाम रहता है उनका जो जुल्म के खिलाफ लड़ते हैं लड़ाई।।

फूलन देवी जी :-

फूलन देवी का जन्म एक शूद्र के घर हुआ था।
बचपन से ही जीवन गरीबी में बीत रहा था।
छोटी-सी उम्र में अपने से तीन गुने उम्र वाले लड़के से शादी हो गई।
लड़ाई-झगड़े, क्लेश के कारण ही फूलन देवी की शादी टूट गई।
कुछ दिन के बाद फूलन देवी की जिन्दगी में गमों का तूफान आ गया।
22 ठाकुरों ने फूलन की इज्जत लूटकर उसका जीवन बर्बाद कर दिया।
उसके बाद फूलन अपनी किस्मत और जात को कोस रही थी।
कैसे बदला लूं इन शैतानों से यह फूलन सोच रही थी।
फिर ठाकुर और पुलिस वालों ने मिलकर फूलन को तंग करना शुरू कर दिया।
जातिसूचक शब्द और अपशब्द कहकर फूलन का जीना मुश्किल कर दिया।
बहुत परेशान होकर फूलन चंबल की घाटी में चली गई।
वहाँ जाकर वहाँ के डाकूओं से फूलन मिल गई।
डाकुओं से मिलकर फूलन के अंदर बदले की आग जाग गई।
कैसे बदला लेना है ठाकुरों से यह मन में सोचने लग गई।
एक दिन फूलन ने अपने साथियों के साथ जाकर 22 ठाकुरों का कत्ल कर दिया।
बदले की आग को फूलन ने बदला लेकर बुझा दिया।
फूलन की ताकत से घबराकर फिर दुश्मनों ने एक शतरंज का खेल-खेल दिया।
दिल्ली में सिफारिश करके नेताओं ने फूलन को राजनीति में ले लिया।
राजनीति में लेकर नेताओं ने फूलन की ताकत को कमजोर कर दिया।
मौका देखकर दुश्मनों ने फिर फूलन का कत्ल कर दिया।
जिन्दा इन्सान होते हैं वह जो स्वाभिमान की लड़ाई लड़ते हैं।
मेघराज सिंघ, सदा नाम रहता है उनका जो सच्चाई से जीवन जीया करते हैं।

सच के रास्ते पर मुसाफ़िर

आदि सचि जुगादि सचि है भी सचि नानक होसी भी सच यह गुरु नानक साहिब ने फरमाया।
रब युगों से है रब जुगो जुगो से है रब मौजूद है रब हमेशा रहेगा यह सच गुरु नानक साहिब ने बताया।।
रब नाम है सच का जो भूतकाल में था वर्तमान में है और सच भविष्य में भी रहेगा।
झूठ और सच की लड़ाई हमेशा रही है और रहेगी सच हमेशा ही जीतता रहेगा।।
हजारों सालों बाद कुछ वक्त दुनिया में ऐसा भी आता है।
जब झूठ और सच की लड़ाई होती है तब झूठ सच को दफन कर देता है।।
अक्सर आप सभी ने देखा होगा दो प्राणी या दो फिरके या दो देश आपस में है जंग लड़ते।
पहले विचारों से फिर हथियारों से फिर विचार ना मिलने के कारण ही आपस में है झगड़े।।
झूठ बोलने वालों और सच बोलने वालों के बीच एक ना एक दिन लड़ाई जरूर होगी।
अगर आप सच्चे लोग इकट्ठे होंगे तो कभी आपस में लड़ाई नहीं होगी।।
झूठ बोलने वाले अगर सच बोलने वालों के साथ जंग लड़ते हैं तो वह अपना
खुद का स्वार्थ पूरा करने के लिये जंग लड़ेंगे।
सच बोलने वाले अगर झूठ बोलने वालों के साथ जंग लड़ते हैं तो वह समाज
के फायदे या देश के फायदे के लिये लड़ेंगे।।
विचार आपस में ना मिलने के कारण ही इंसान बहुत बड़ी-बड़ी जंग लड़ते हैं।
विचार तो रह जाते हैं दुनिया में ही बस इंसान ही आपस में लड़-लड़कर मरते हैं।।
जब चारों तरफ छा जाता है झूठ का सन्नाटा दूर-दूर तक कोई सच बोलने वाला नजर नहीं आता।
चारों तरफ होती है फिर लूटपाट और मारकाट कोई भी किसी को उस वक्त बचाने नहीं आता।।
अज्ञानी लोग ज्ञानी बनकर अज्ञान फैला देते हैं दुनिया में फिर कहीं ज्ञान नजर नहीं आता।
हर तरफ फैल जाता है अज्ञान का अंधेरा फिर कहीं ज्ञान का सूरज नजर नहीं आता।।
फिर मानवता की कुराहट सुनकर धरती भी वाहेगुरु के आगे पुकार करती है।
कोई ऐसा मनुष्य पैदा कर जो सच को फैला सके ऐसी वाहेगुरु के आगे अरदास करती है।।
फिर पांच तत्वों को मानव बनकर कोई शेर दिल मां की कोख से जन्म लेता है।
दफने हुए सच को बाहर निकालकर वह शेर दिल मानव सच को दुनिया में फैला देता है।।
ऐसा हुआ था भारत में जब गौतम बुद्ध इस दुनिया में आये।
दफन हुए सच को ढूंढकर गौतम बुद्ध बड़ी मुश्किल सेदुनिया के सामने लेकर आये।।

सच को फैलाकर गौतम बुद्ध ने झूठ के अज्ञान को मिटाया।
करोड़ों लोगों को दीक्षा देकर अज्ञानी से ज्ञानवान बनाया।।
बोलिए सच धर्म झूठ ना बोलिये ऐसा बोलकर बाबा फरीद जी ने सच को धर्म बताया।
सच का प्रचार कर-कर के बाबा फरीद जी ने मानवता को अल्लाह से लड़ लगाया।
बौद्ध भिक्षुओं ने सच को बहुत दूर-दूर तक फैलाया।
फैला हुआ सच फिर संत नामदेव जी तक आया।
फिर सच घूमता-घूमता संत कबीर जी तक आया।
कबीर दास जी ने सच बोल कर झूठ का पाखंडवाद मिटाया।
फिर सच ने संत रविदास जी के अंदर से अज्ञान का अंधेरा मिटाया।
एक आम आदमी को सच ने सिंहासन पर बैठाया।
संत रामानंद जी, संत सूरदास जी, संत भीखन जी ने सच्चे रब को अंदर से पाया।
संत जैदेव जी, संत त्रिलोचन जी, संत परमानंद जी इन सब ने एक रब के बारे में बताया।
संत सैन जी, संत धन्ना जी, संत पीपा जी इन सब ने मानव को सच का रास्ता दिखाया।
संत सधना जी, संत बैणी जी इन्होंने मानवता को पाखंडवाद से हटाया।
कवि कल जी, कवि सल जी, कवि बल जी, कवि नल जी, इन्होंने गुरुओं की महिमा गाई।
कवि गयन्द जी, कवि भीखा जी, कवि कीरत जी, कवि मथुरा जी ने कुदरत की करी बढ़ाई।
कवि भल जी, कवि जालप जी, कवि हरबंस जी ने वाहेगुरु-वाहेगुरु की धुन गाई।
35 महापुरुषों की बाणी इकट्ठी करके गुरु गोविंद सिंह जी ने गुरु ग्रंथ साहिब जी के अंदर जोत टिकाई।

2. जिन-जिन का नाम लिखा है इस पुस्तक में उन सब ने सच का रास्ता अपनाया।
खुद चले हैं यह सब सच के रास्ते पर दूसरों को भी सच का रास्ता दिखाया।।
चारों तरफ फैलाकर सच को झूठ का अज्ञान मिटाया।
सच बोल-बोलकर इन सब ने लोगों को झूठ की नींद से जगाया।।
वहम, भ्रम, पाखंडवाद के खिलाफ इन सबने सच का अभियान चलाया।
दूर-दूर पैदल या अन्य साधन से सच को घर-घर तक पहुंचाया।।
मानसिक गुलामी का जाल काटकर लाखों लोगों को आजाद कराया।
मेघराज सिंह ने अपनी कलम से सच लिख दिया है जो वक्त ने सच लिखवाया।।

वाहेगुरु एक है

अल्लाह भी तू है गॉड भी तू है। भगवान भी तू है वाहेगुरु भी तू है।।
आकाश भी तू है धरती भी तू है। हवा में भी तू है पानी में भी तू है।।
आग में भी तू है हर जगह तू है। पहाड़ों में भी तू है नदियों में भी तू है।।
पक्षियों में भी तू है पशुओं में भी तू है। कीड़ों में भी तू है जंतुओं में भी तू है।।
रब ने कितना सुंदर इंसान बनाया।
धर्म की नफरत ने इंसान को कर दिया पराया।।
शैतानों ने अपने स्वार्थ के लिए इंसानों को इंसानों से लड़वाया।
भाई को भाई से धोखे से शैतानों ने मरवाया।।
रब ने इस ब्रह्मांड में बहुत खूबसूरत इंसान बनाये।
हाड, मांस, खून सबका एक जैसा है कोई नहीं है पराये।।
अधर्मी लोगों ने धर्म के नाम पर इंसान को इंसान से लड़वाया।
खुद का स्वार्थ पूरा करने के लिए शैतानों ने षड्यंत्र रचाया।।
हिंदू में भी वही है मुसलमान में भी वही है। ईसाई में भी वही है सिख भी वही है।।
बौद्ध में भी वही है यहूदियों में भी वही है। धर्मियों में भी वही है अधर्मियों में भी वही है।।
हिंदू, मुस्लिम, सिख, ईसाई सब एक ही रब की संतान है।
जिसने यह ब्रह्माण्ड बनाया वह रब बहुत महान है।।
हवा, पानी वही देता है जिस का यह जहान है।
एक ही रब सब को पैदा करता है उसी के हाथ में सब के प्राण हैं।।
शुक्र करो उस रब का जिसने यह संसार बनाया।
अलग-अलग रूप में आकर उसने लोगों को सच का रास्ता दिखाया।।
धर्मी पुरुष जितने भी आये सब ने सच को धर्म बताया।
गुरु कृपा से मेघराज सिंह ने भी अपने अंदर से सच को पाया।।

जन्मदाता और मृत्युदाता एक ही है

गॉड भी तू है अल्लाह भी तू है। राम रमैया भी तू है वाहेगुरु भी तू है।।
तूने ही तो सबको पैदा किया है। खाने को तूने भोजन दिया है।।
पीने को तूने दिया है पानी। जिसको पीकर तेरा शुक्र करते हैं प्राणी।।
सांस लेने के लिए तूने पवन बनाई। सब जीवों के अंदर अपनी जोत टिकाई।।
दसों दिशा में है तेरा ही पसारा। सब जीवों का एक तू ही तो है सहारा।।
सूर्य से तू पूरे ब्रह्मांड में करता है उजाला।
चांद, तारों और सभी जीवों का तू ही तो है रखवाला।।
पूरा ब्रह्मांड तेरे ही हुकम में चल रहा है। तू खुद जीवों को पैदा करके खुद ही मिटा रहा है।।
सबके अंदर बैठकर तू सब जीवों को चला रहा है।
अपने सिंहासन के ऊपर बैठकर तू बहुत खुश हो रहा है।।
हिंदू, मुस्लिम, सिख, ईसाई अन्य सब तेरे ही तो बच्चे हैं।
तू दे विवेक बुद्धि हमें हम अज्ञानी सब तेरे बच्चे हैं।।
नफरत भरी है हम सबके अंदर हम कैसे नफरत से छुटकारा पायें।
हिंदू, मुस्लिम, सिख, ईसाई और अन्य हैं हम सब भाई-भाई हम कैसे समझाये।।
गॉड अल्लाह राम वाहेगुरु सब एक ही है यह सब को समझाओ।
सतगुरु के सच्चे ज्ञान को अपनाकर अपने अंदर से नफरत को मिटाओ।।
हाड़, मांस सबके एक जैसे हैं यह भी लोगों को समझाओ।
हंसना, रोना-सोना जागना सबका एक जैसा यह भी बार-बार लोगों को बताओ।।
सतगुरु की कृपा से सब के अंदर एक रब बैठा नजर आया।
हिंदू, मुस्लिम, सिख, इसाई उसने ही बनाए जिसने यह ब्रह्मांड बनाया।।
मेघराज ने लिख दिया है जो सतगुरु ने लिखवाया।
रब बैठा था मेरे अंदर ही मैंने अपने अंदर से पाया।।

कोरोना वायरस ने पूरे विश्व को समझा दिया है

पांच तत्व से मानव बना है फिर पांचों ही तत्व में है समाया।
अलग-अलग रंगसे रब ने मानव को है सजाया।
पांच तत्व बनाकर रब ने पांचों ही तत्वों से जीवन दिया है।
पूरे विश्व के मानव को रब ने अलग-अलग रूप दिया है।
इस धरती के जैसी इस ब्रह्मांड में लाखों धरती घूम रही हैं।
सभी धरती के जीवों को कुदरत प्यार से पाल रही है।
जैसे पूरे ब्रह्मांड की जीवों का मालिक एक है।
वैसे ही पूरे विश्व के इंसानों का मालिक एक है।
जैसे पूरे ब्रह्मांड के जीवो को भोजन एक ही रब दे रहा है।
वैसे ही पूरे विश्व के इंसानों को भोजन एक ही रब दे रहा है।
जैसे पूरे ब्रह्मांड के जीवों को जन्म और मौत एक ही रब दे रहा है।
वैसे ही पूरे विश्व के इंसानों को जन्म और मौत एक ही रब दे रहा है।
जैसे भूतकाल में एक ही रब जन्म और मौत सबको देता आ रहा है।
ऐसे ही भविष्य में देता रहेगा और वर्तमान में भी जन्म और मौत दे रहा है।
जात धर्म के नाम पर अधर्मी लोगों ने मानव को मानव से जुदा किया है।
महामूर्ख और अज्ञानी लोगों ने मानवता के ऊपर बहुत जुल्म किया है।
अज्ञानी लोगों ने अलग-अलग धर्म के अलग-अलग रब बना दिए हैं।
महापुरुषों ने एक ही रब बताया एक ही रब से लोगों को जोड़ दिए हैं।
जिन अधर्मी लोगों ने पूरे विश्व के इंसानों को अलग-अलग बताया है।
उन लोगों को कोरोना वायरस ने मुंहतोड़ जवाब दिया है।
पूरे विश्व के मानव एक ही है यह कोरोना वायरस ने साबित कर दिया है।
पूरे विश्व के इंसानों के अंदर फैल कर पूरे विश्व को हिला दिया है।
पूरे विश्व के मानव अलग-अलग हैं जो इस बात को बार-बार दोहराएंगे।
वह इंसान अज्ञानी अधर्मी पाखंडी और महामूर्ख कहलाएंगे।
पूरे विश्व के मानव एक ही हैं जो इस बात को दुनिया को समझाएंगे।
वह सूझवान ज्ञानवान इंसानवादी मानवतावादी इंसान कहलाएंगे।
गॉड, अल्लाह, भगवान, वाहेगुरु यह सब एक ही रब के अनेकों नाम हैं।
जो पूरे विश्व के जीवों को एक रब का रूप समझे मेघराज सिंह की नज़रों में वह महान है।

कौन है धर्मी कौन अधर्मी

कौन है धर्मी कौन अधर्मी हम कैसे पहचान करें
सच्चा है धर्मी झूठा अधर्मी इसको विशेष ध्यान करें
कौन है धर्मी कौन अधर्मी हम कैसे पहचान करें

1. झूठ बोलेंगे अगर हम अधर्मी बन जाएंगे..!
सच बोलेंगे अगर हम तो धर्मी बन जाएंगे..!
सच को मन में बसा कर झूठ को दूर करें..!
कौन है धर्मी कौन अधर्मी हम कैसे पहचान करें..!

2. जन्म से धर्मी और अधर्मी कोई इंसा नहीं होता..!
सच के बिना किसी भी धर्म का इंसान धर्मी नहीं होता..!
धर्मी वही कहलाए जो धर्म के गुण ग्रहण करें..!
कौन है धर्मी कौन अधर्मी हम कैसे पहचान करें..!

3. गांव शहरों में धर्मों की नफरत है तो अधर्मी बन जाएंगे..!
गांव शहरों में भेदभाव है तो नस्लवादी बन जाएंगे..!
सच के दम पर धर्मों की नफरत भेदभाव को दूर ..!
कौन है धर्मी कौन अधर्मी हम कैसे पहचान करें..!

4. धर्मों में नफरत इसीलिए फैली धार्मिक लोगों में ज्ञान नहीं..!
काले गोरे में भेद वहाँ है जहाँ के लोग विद्वान नहीं..!
ज्ञानवान विद्वान बनकर अपना सब सुधार करें..!
कौन है धर्मी कौन अधर्मी हम कैसे पहचान करें..!

5. धर्म ग्रंथों से सच को सीखेंगे वही धार्मिक बन जाएंगे..!
सब धर्मों के लोग सामान जग में यह सच फैलाएंगे..!
लोग धार्मिक बन सकते हैं अगर वो सच को ग्रहण करें..!
कौन है धर्मी कौन अधर्मी हम कैसे पहचान करें..!

6. एक रब को जो मानेगा धर्म को वह समझ पाएगा..!
मानव मानव एक समान जो समझे सुख पायेगा..!
मेघराज सिंह की गुजारिश है सबसे सच्चाई का प्रचार करें..!
कौन है धर्मी कौन अधर्मी हम कैसे पहचान करें..!

सिखों का गौरवशाली इतिहास

सिख कौम है शूरवीर, बहादुरों की अपनी बहादुरी वक्त आने पर दिखाते हैं।
जब भी जालिम जुल्म करते हैं, तब सिख मजलूमों के साथ खड़े हो जाते हैं।
नहीं ऐहसान करते हैं, किसी के ऊपर बस अपना फर्ज निभाते हैं।
जुल्म करने वाले ज़ालिम को उसी की जुबान में सबक सिखाते हैं।
पहले भी जुल्म के खिलाफ जंग लड़ी सिखों ने आज भी जुल्म के खिलाफ जंग लड़ रहे हैं।
पहले भी आबरू बचाई थी, औरतों की आज भी औरतों की आबरू बचा रहे हैं।
इतिहास गवाह है, सिखों का जब कश्मीरी पंडित फरियाद लेकर गुरु के दरबार में आए।
गुरु तेग बहादुर जी के आगे पंडितों ने रो रोकर अपने कष्ट सुनाएं।
दु:ख दर्द सुनकर गुरु तेग बहादुर जी ने फरियादियों को वचन दिया था।
जुल्म को रोकने के लिए दिल्ली में गुरु तेग बहादुर जी ने अपना शरीर बलिदान किया था।
जुल्म को रोकने के लिए फिर गुरु गोविंद सिंघ जी ने तलवार उठाई।
बाहर जंग लड़ी राजपूतों से मुगलों से भी दो जंग में लड़ी लड़ाई।
गुरु गोविंद सिंह जी के बाद बाबा बंदा सिंघ बहादुर ने अपनी बहादुरी दिखाई।
जालिमों का राज खत्म करके सिख कौम की राज सत्ता चमकाई।
फिर महाराजा रणजीत सिंघ जी ने पंजाब में चालीस साल राज करके दिखाया।
ध्यान सिंघ डोगरा और गुलाब सिंघ डोगरा के कारण अपना राज गवाया।
हरी सिंघ नलवे का नाम सुनकर दुश्मन भी जंग का मैदान छोड़कर भाग जाते थे।
हरि सिंघ नलवे की ताकत से दुश्मन घर बैठे ही घबराते थे।
हरि सिंघ जैसा बेटा चाहिए ऐसा ख्याल मन में रखकर एक पठानी हरि सिंघ नलवे से शादी करने आई।
पठानी की बात सुनकर हरि सिंघ बोले मैं तेरा बेटा तू मेरी मां उस पठानी को अपनी मां बनाई।
सबरावा की जंग में श्याम सिंघ जी अटारी ने अपनी बहादुरी दिखाई।
बड़ी बहादुरी से लड़ते-लड़ते श्याम सिंघ जी अटारी ने जंग में शहीदी पाई।
लड़की चाहे किसी की भी हो उसकी इज्जत हम बचाएंगे।
ऐसा संत जरनैल सिंघ जी भिंडरांवाले कहा करते थे।
शरीर की मौत को मैं मौत नहीं मानता जमीर का मर जाना ही असली मौत है,
ऐसा भी संत जरनैल सिंघ जी भिंडरांवाले कहा करते थे।
दूसरों का भला करना यह गुण सिखों की रगों में गुरुओं ने भर दिया है।
जुल्म के खिलाफ आवाज उठाना यह गुण भी सिख कौम को गुरुओं ने सीखा दिया है।
पहले भी जंग लड़े थे सिख जुल्म के खिलाफ आगे भी जुल्म के खिलाफ सिख जंग लड़ेंगे।
मेघराज सिंह झूठ का राज ध्वस्त करके हमेशा के लिए सिख सच्चाई का राज कायम करेंगे।

नोट :-

जिस राम को गुरुओं और सन्त भगतों ने माना वह दशरथ का पुत्र नाहि।
गुरुओं और संत भगतों ने उस राम को माना जो कण कण माहि समाहि।
राम रमैया रम रहा है कण कण में जो जीवन और मरने से मुक्त है।
लगातार उसकी शक्ति पूरे ब्रह्मांड में चल रही है उसी के हाथ में सब जुगत है।
जिसने जन्म लिया वह मरा है मरने वाला भगवान नहीं हो सकता।
जो रखवाला हे पूरी कायनात का वह कभी जन्म नहीं ले सकता।
जिस राम को गुरुओं और सन्त भगतों ने माना हमने भी अपनी कविताओं में उसी राम का ज़िक्र किया है।
गुरु की कृपा से मेघराज सिंघ ने अपनी कविता में सचो सच कुछ लिख दिया है।

विचार

मैं डॉक्टर कृपाल सिंह अमेरिका से मैं मेघराज सिंह को तक़रीबन तीन साल से जानता हूँ मेघराज सिंह ने जो सह पुस्तक लिखी है।
जिसका नाम है **"सत्य ही धर्म है"** इस पुस्तक में इस ने बहुत कोशिश की है कि सच्चे महापुरुषों को एक साथ इकट्ठा दिखाए जाए। जो भी इस पुस्तक को पड़ेंगे उनको सच्चाई और इमानदारी के बारे में पता लग जाएगा मैं मेघराज सिह को इस पुस्तक लिखने की बहुत बहुत बधाई देता हूँ।

डॉक्टर कृपाल सिंह (अमेरिका)

मैं ऑस्ट्रेलिया से धरम सिंह मैं मेघराज सिंह को तक़रीबन 1997 से जानता हूँ यह मेरा विद्यार्थी रह चुका है इस ने सच्चाई और ईमानदारी का मार्ग उसी समय से पकड़ लिया था आज जो इस ने यह पुस्तक लिखी है जिसका नाम है **"सत्य ही धर्म है"** इस पुस्तक में इसने सच्चाई को काफ़ी उजागर किया है जो भी इस पुस्तक को पड़ेंगे उनको काफ़ी लाभ मिलेगा मैं इस पुस्तक को लिखने के लिए मेघराज सिंह को बहुत बहुत बधाई देता हूँ।

धरम सिंह (ऑस्ट्रेलिया)

मैं मंदीप सिंह अमेरिका से मैं मेघराज सिंह को तक़रीबन छह महीने से जानता हूँ यह जो बोलता है वही करता है। मैंने इस को काफ़ी नज़दीक से देखा है इसने जो यह पुस्तक लिखी है जिसका नाम है **"सत्य ही धर्म है"** यह पुस्तक काफ़ी लोगों के लिए लाभदायक होगी इस पुस्तक को ज़रूर पड़े। इस पुस्तक को लिखने के लिए मै मेघराज को बहुत बहुत बधाई देता हूँ।

मंदीप सिंह (अमेरिका)

मैं सर्वजीत सिंह यमुनानगर से मेघराज सिंह ने जो यह पुस्तक लिखी है जिसका नाम है **"सत्य ही धर्म है"** इस पुस्तक में इसने काफ़ी महापुरुषों को एड किया है और काफ़ी महापुरुषों के बारे में लिखा है जो आज की ज़रूरत है जो भी इस पुस्तक को पड़ेंगे उनको काफ़ी जानकारी मिलेगी मैं इस पुस्तक को लिखने के लिए मेघराज सिह को बहुत बहुत बधाई देता हूँ।

सर्वजीत सिंह (यमुनानगर)

मैं नरेंद्र कौर मैंने यह पुस्तक पढ़ी है जिसका नाम **"सत्य ही धर्म है"** इस पुस्तक के अंदर सच्चाई से भरपूर बातें लिखी हैं जो भी इस पुस्तक को पड़ेंगे उनके अंदर भी सच बोलने की क्षमता आ जाएगी। मैं मेघराज सिंह को इस पुस्तक को लिखने के लिए बहुत बहुत बधाई देती हूँ।

नरेंद्र कौर (इन्डिया)

मैं मनोरमा चवारे नागपुर से मैं मेघराज सिंह को तक़रीबन दो साल से जानती हूँ मेघराज सिंह रोज़ाना अपनी फ़ेसबुक ID पर रोज़ाना नए मैसीज डालते है वह सच्चाई से भरपूर होते हैं मेघराज सिंह की लिखी हुई पुस्तक **"सत्य ही धर्म है"** यह भी सच्चाई से भरपूर है। जो भी इस पुस्तक को पड़ेंगे उनके जीवन में सच्चाई का प्रकाश हो जाएगा मैं मेघराज सिह को इस पुस्तक को लिखने के लिए बधाई देती हूँ।

मनोरमा चवारे (नागपुर)

मैं यास्मीन ख़ान है मैंने जब कुछ दिन पहले वायस वोफ मानवता न्यूज़ चैनल पर इंटरव्यू दिया उस वक़्त मुझ से मेघराज सिह जी सवाल कर रहे थे उस वक़्त मुझे ऐसा लगा कि इस इंसान के अंदर एक सच्चा इन्सान है जो सच बोल सकता है जब मैंने इनकी लिखी हुई पुस्तक जिसका नाम **"सत्य ही धर्म है"** यह पड़ी तो मुझे यक़ीन हो गया कि यह सच्चा इंसान ही है यह पुस्तक सच्चाई से भरपूर है जो भी इस पुस्तक को पड़ेंगे वह सच्चाई से रूबरू हो जाएंगे मैं मेघराज सिंह को इस पुस्तक को लिखने के लिए मुबारकबाद देती हूँ।

यास्मीन ख़ान

(मॉडल, एक्टर, डायरेक्टर इन बॉलीवुड)

मैं तरनजीत कौर मैं अभी स्टूडेंट हूँ मैंने क्लासों में बहुत सारी पुस्तकें पढ़ी है पर यह जो **"सत्य ही धर्म है"** नाम की पुस्तक है इस पुस्तक में मुझे पढ़कर अलग ज्ञान मिला है जो भी इस पुस्तक को पड़ेंगे उनको भी ज्ञान मिलेगा मैं इस पुस्तक को लिखने के लिए मेघराज सिंह को बहुत बहुत बधाई देती हूँ।

तरनजीत कौर

मेरा नाम प्रभदीप कौर है मैं अभी स्टूडेंट हूँ बहुत कम लोग ऐसे हैं जो सच लिखने की हिम्मत रखते है यह जो **सत्य ही धर्म पुस्तक है** इसमें सच्ची बातें लिखी हुई हैं जो भी इस पुस्तक को पड़ेंगे वह सच्ची बाते जान सकेंगे मैं इस किताब को लिखने के लिए मेघराज सिंह का धन्यवाद करती हूँ।

प्रभदीप कौर

मैं डॉक्टर हरप्रीत कौर जब मैंने मेघराज सिंह की लिखी हुई पुस्तक **"सत्य ही धर्म है"** पढी तो मुझे यक़ीन हो गया है कि यह पुस्तक समाज में सच्चाई और ईमानदारी फैलाएगी और समाज से झूठ और बेईमानी को दूर करेगी इस पुस्तक के ज़रिये समाज में शांति और विश्व में शांति आएगी जो भी इस पुस्तक को पढ़ेंगे उनके अंदर भी सच्चाई पैदा हो जाएगी फिर वह पूरे विश्व के अंदर सच्चाई फैला सकेंगे मै मेघराज सिह को इस पुस्तक को लिखने के लिए बहुत बहुत बधाई देती हूँ।

डॉ. हरप्रीत कौर (एडवोकेट)

मैं मोहम्मद फैसल जमील जानी पाकिस्तान से मैं मेघराज सिह को तक़रीबन छह महीने से जानता हूँ जब भी मैं उनसे बात करता हूँ मुझे एक नई चीज सीखने को मिलती है मेघराज सिंह की लिखी हुई पुस्तक **"सत्य ही धर्म है"** इस पुस्तक को पढ़कर मुझे एक नया ज्ञान सीखने को मिला जो भी इस पुस्तक को ध्यान से पढ़ेंगे उनको एक नई दिशा नया ज्ञान मिलेगा। मै मेघराज सिह को इस पुस्तक के लिए मुबारकबाद देता हूँ।

मोहम्मद फैसल जमील जानी (पाकिस्तान)

मेरा नाम अकाल मूरत कौर है मैं अर्जेंटीना से हूँ मुझे तक़रीबन दो महीने हो गए हैं वायस वोफ मानवता न्यूज़ चैनल से जुड़े हुए इस चैनल पर सभी लोग सच्चाई से भरपूर बातें करते हैं और मैंने मेघराज सिंह से भी बात की है उनकी बातें सच्ची लगती है उनकी लिखी हुई पुस्तक जिसका नाम **"सत्य ही धर्म है"** यह सच्चाई के मार्ग को बताने वाली पुस्तक है इसको ज़रूर पढ़ें मैं मेघराज सिंह को पुस्तक लिखने के लिए बधाई देती हूँ।

अकाल मूरत कौर (अर्जेंटीना)

मेरा नाम संतोष साहू है मैं छत्तीसगढ़ से हूं मुझे तक़रीबन एक साल हो गया है वॉयस ऑफ़ मानवता न्यूज़ चैनल के साथ जुड़े हुए इस चैनल पर इतिहास की बातें होती हैं सच्चाई से भरपूर बातें होती हैं। मेघराज सिंह की लिखी हुई पुस्तक **"सत्य ही धर्म है"** यह पूरे विश्व में सच्चाई और अच्छाई फैलाने का काम करेगी इस पुस्तक को आप ज़रूर पढ़ें मैं मेघराज सिंह को पुस्तक लिखने के लिए बधाई देता हूँ।

संतोष साहू (छत्तीसगढ़)

मेरा नाम अफ़सर आदिल है मैं मुंबई में तक़रीबन 40 और 45 से बॉलीवुड में काम कर रहा हूँ मुझे ऐसा लगता है कि सच्चाई और अच्छाई दोनों ही ख़त्म होती नज़र आ रही है मैं मेघराज सिंह की लिखी हुई पुस्तक **"सत्य ही धर्म है"** इस पुस्तक से उम्मीद कर सकता हूँ कि यह पुस्तक सच्चाई और अच्छाई को पूरे विश्व में फैलाएगी मै मेघराज सिंह को इस पुस्तक लिखने के लिए मुबारकबाद देता हूँ।

अफ़सर आदिल (बॉलीवुड एक्टर)

मेरा नाम जैनब है मैं मुंबई में रहती हूँ और बॉलीवुड में काम करती हूँ मैंने बहुत सारे लोगों से बातचीत करी है बहुत कम लोग ऐसे हैं जो सच्चाई और ईमानदारी की बात करते हैं मेघराज सिंह की लिखी हुई पुस्तक **"सत्य ही धर्म है"** यह पुस्तक सच्चाई से भरपूर है इसको जो भी लोग पड़ेंगे वह सच्चाई के बारे में जानकारी ले सकेंगे मैं मेघराज सिह को इस पुस्तक को लिखने के लिए मुबारकबाद देती हूँ।

जैनब ब्रॉन्डी (बॉलीवुड एक्ट्रेस)

लेखक के बारे में मीडिया एवं सोशल मीडिया

1. पूर्व होस्ट वॉयस ऑफ़ खालसा रेडियो।
2. पूर्व में होस्ट वॉयस ऑफ़ खालसा TV।
3. वर्तमान में संचालक वॉयस ऑफ़ मानवता न्यूज़ चैनल।
4. सोशल मीडिया जैसे फ़ेसबुक यूट्यूब वॉट्सऐप ट्विटर इंस्टाग्राम आदि पर मूलनिवासियों से जुड़े मुद्दे और उनके हक़ अधिकारों के लिए सक्रिय।
5. कई समाचार पत्रों में कविताए लेख प्रकाशित हुए हैं जैसे की प्रभात पोस्ट, जय मुलनिवासी आदि।

गीत लेखन

मैंने मूल निवासियों से सम्बंधित एवं कई अन्य मुद्दों से संबंधित गीतों को लिखा है जोकि सोशल मीडिया पर काफ़ी प्रचलित रहे हैं इनमें से कई गानों को अपने अपने क्षेत्र में इस्तेमाल किया गया है जैसे की फ़िल्म शूदरा टु खालसा।

मेरे द्वारा लिखे गए प्रमुख गानों की पंक्तियाँ इस प्रकार है **जैसे की:-**

1. गुरु नानक साहिब जी ने उनको अपने गले लगाया जिनको ब्राह्मणों ने शूदर कह कर नीच बनाया...!
2. मर्द अगम्मड़ा बनकर गुरु गोबिन्द सिंह आए...!
3. गुरुनानक साहिब ने औरतों का सम्मान किय...!
4. उखाड़ेंगे हम पाखंडवाद को लेकर वाहेगुरु का नाम...!
5. अै भीम के दीवानों ज़रा होस तो संभालो...!
6. हे भीम की दुलारो संविधान को बचा लो...!
7. पाखंडी बाबाओं ने भारत को नर्क बना दिया...!
8. है सिख बहादुर शूरमे ना डरे ना किसी को डराते हैं...!
9. ताक़तवर सिख कौम की एक बहादुरी भरी कहानी है...!
10. हे जवानों हे किसान अपने देश को चोरों से बचा लो...!
11. आओ बच्चों हम सब को सच का पाठ पढ़ाए माता पिता की सेवा करके दुनिया में नाम चमकाएं...!
12. मानव मानव क्यों दुश्मन बने आओ विचार करें...!
13. हम तेरे बच्चे हैं वहेगुरू हम तेरे बच्चे हैं...!
14. भाई बहन का प्यार है दुनिया में सबसे प्यारा...!

15. गुरुनानक की फुलवाड़ी है सिख सिकलीगर...!

यह गीत सिख सिकलीगर समुदाय पर बना पहला अंतरराष्ट्रीय गाना है।
मैं इस गीत का लेखक एवं और स्पॉन्सर हूँ।
इस गीत की सलाहकार डॉक्टर हरप्रीत कौर है जो कि सिख सिकलीगर समुदाय पर Ph.D. करने वाली विश्व की पहली रिसर्चर है।

16. हिजड़े भी इंसान हैं सम्मान करो सब इनका...!

यह गाना हिजड़ों (किन्नरों) पर बना विश्व का पहला अंतरराष्ट्रीय गाना है इस गाने का लेखक मै हूँ इस गाने के सलाहकार ज्ञानी धरम सिंह जी हैं ऑस्ट्रेलिया से और स्पॉन्सर करने वाले ज्ञानी मक्खन सिंह जी है ऑस्ट्रेलिया से।

मेरी तीन पुस्तकें हैं जिनका नाम इस प्रकार है...

1. क्या सिख हिन्दू है जानिए सच क्या है।
2. सत्य ही धर्म है।
3. परिवारों एवं विश्व की गंभीर समस्या का क्या है समाधान आओ जानिए।

दुश्मन को तकलीफ़ होती है
गुरु गोबिंद सिंघ जी की बख्शी दस्तार को देखकर।
दुश्मन परेशान होता है गुरु गोबिंद सिंघ
जी के सिखों की बादशाहत को देखकर।

दुश्मन अंदर ही अंदर जलता रहता है
सिखों की पगड़ी की शान को देखकर।
दुश्मन अपने आप को गुलाम महसूस करता है
पगड़ी वाले आज़ाद खालसे को देखकर।

जब-जब दुश्मन सिखों की पगड़ी पर हमला करेगा
तब-तब दुश्मन सिखों की नजरों में गिरा है और गिरता ही रहेगा।
गुरु गोबिंद सिंघ जी के खालसे ने दुश्मन पर
राज किया है और राज करता ही रहेगा।

एम.एस. खालसा
प्रमुख, वॉइस ऑफ मानवता टी.वी. न्यूज़

(शायरी)

कोई भी अच्छा काम करना मुश्किल नहीं होता कुछ
लोग उसको मुश्किल बना देते हैं...!
जिनके इरादे दृढ़ और नेक हो वह मुश्किल काम को
भी आसान बना देते हैं...!

क़ामयाब हो जाते हैं वह हैं जो बिना थके हारे
लगातार प्रयास करते रहते हैं...!
सच्चाई और ईमानदारी के बलबूते पर वह एक
दिन दुनिया में चमक जाते हैं...!

अपने भविष्य को भाग्य के ऊपर मत छोड़िए अपने
भविष्य को ख़ुद अपनी मेहनत से बनाए...!
सच बोलकर और ईमानदारी से काम करके अपने
जीवन को ख़ुद ही ख़ुशहाल बनाए...!

सच सुनो सच बोलो सच बोलना दूसरों को भी सिखाओ...!
सच्चाई के मार्ग पर चलकर परमसुख को अपने अंदर से ही पाओ...!

मेघराज सिंह खालसा

भारत को हम सब मिलकर सोने का बाज बनाएंगे।

भगवान गौड अल्लाह वाहेगुरु जो एक ही रब के कई नाम है उसकी कृपा से
ही हम भारत की तक़दीर बदल देंगे ।
मेहनतकश सच्चे और इमानदार इंसान सभी एक साथ मिलकर भारत की तस्वीर बदल देंगे ।

मकान कपड़े होंगे सभी के पास कोई भूखा प्यासा और बिना इलाज के नहीं मरेगा ।
भारत का असली वारिस मूलनिवासी ही भारत में सच्चाई का राज क़ायम करेगा ।

गरीबों के पेशे से ही हम भारत के अंदर से ग़रीबी मिटाएँगे ।
भारत के गरीबों को ही एक दिन हम भारत का बादशाह बनाएंगे ।

जात पात को ख़त्म करेंगे हम जड़ से बिना जातपात और वर्णव्यवस्था का समाज बनाएंगे ।
महापुरुषों के सच्चे पैग़ाम को हम सब मिलकर पूरी ईमानदारी से पूरे विश्व में फैलाएंगे ।

सभी धर्मों के लोग एक साथ मिलकर भारत में खुशियों भरा जीवन जी पाएंगे ।
सच्चे और ईमानदार लोग मिलकर भारत को सोने की चिड़िया नहीं सोने का बाज बनाएंगे ।

मेघराज सिंह खालसा

Guroo Naanak Sikh Sabh

www.ingramcontent.com/pod-product-compliance
Lightning Source LLC
La Vergne TN
LVHW091224150826
845673LV00003B/1000
* 9 7 9 8 8 9 3 2 2 2 2 5 8 *